あなたを住宅ローン危機から救う方法

井上悠一
YUICHI INOUE

幻冬舎MC

あなたを住宅ローン危機から救う方法

はじめに

住宅ローンの返済に不安を抱える人が増えています。

病気やケガなど日常の些細な出来事や、離婚や失業などの環境の変化による収入の減少、とりわけ経済の低迷が続くコロナ禍では収入の激減が引き金となって住宅ローンの返済に困窮する人が増えているのです。いまや住宅ローンの破綻は誰にでも起こり得る身近な問題となっています。

もし、住宅ローンの月々の返済ができなければ、住宅ローンの一括返済を求められます。しかし、そもそも月々の返済ができなくなっているわけですから一括返済などできるはずがありません。そうなると裁判所の決定により自宅が競売にかけられてしまいます。

競売では、一般の不動産市場ではなく裁判所が関与するオークション方式が採られ、購入したい人がそれぞれに希望価格を入札します。落札は基本的に現金での支払いであることや、実際に物件の室内を見ずに落札しなければならないことなどから、普通の物件を購入するよりもリスクが多いため、一般的な流通価格よりも低い金額での売却となってしまいます。

　そのため残っている住宅ローンを完済できず結局債務が残ってしまうケースが多いのです。

　その残債務は一括返済が求められますので、結局支払うお金がないため、破綻を迎えてしまいます。

　しかも競売が決定すると、裁判所からの通知が来てからおおよそ半年以内に自宅が売却されてしまいます。法的措置であり、裁判所が執行するため本人や家族の都合に合わせる、引越先が決まるまで待つなどの融通が利きません。そのため強制的に家から追い出される羽目に陥ります。

　そんな人たちを救う解決策として注目されているのが、ローンが残っている状態で自宅を売却する「任意売却」という手段です。

　任意売却の最大のメリットは、自分の意思で、誰に、いつ家を手放すかを決められるということです。

　競売のように強制的に進んでいくことはありませんので、相談者の希望に沿った形で進めることができるのです。

また、高く売れればそれだけ残債務が少なくなるのはもちろん、任意売却の場合は残債務の返済方法（月々の支払額）も金融機関との交渉で決めることができます。

ほかにも退居時期も買い手との交渉が可能なため、引越先を余裕をもって選ぶことができます。任意売却という選択をすれば、生活再建への一歩を踏み出せるのです。

このように、任意売却は住宅ローンに苦しむ人を救う、最後の一手ともいえる手法です。そのため任意売却をする際は、不動産会社や弁護士などと経済状況や生活などの情報を共有し、売却後の生活の立て直しをどのようにするかをしっかりプランニングして考えていく必要があります。

私は、これまで２０００件以上の住宅ローン問題を手掛けてきました。依頼主の経済状況や家族の事情などに、親身になって寄り添い、銀行などの金融機関との交渉も行っています。その人にとって最良の方法を提案し多くの方々を生活再建に導いてきました。

本書では、任意売却についての手続きの流れやメリット・デメリットなどの基本事項はもちろんのこと、任意売却を依頼するときに役立つ知識を解説します。

住宅ローンで苦しむすべての人たちが、生活を立て直して新たな人生の一歩を踏み出す。本書がその一助になれば幸いです。

目次

第4章 住宅ローンが支払えなくても、自宅に住み続けられる方法

第1章

増え続ける住宅ローン破綻者。問題の先送りがさらなる不幸につながる

25人に1人が住宅ローン返済に問題あり

いまだ収束の兆しが見えないコロナ禍において、失業や収入減少により住宅ローンの支払いに行き詰まる、住宅ローン破綻が深刻化しています。昨年だけでも新型コロナ関連による解雇や雇い止めの人数が（見込み者を含めて）8万人を超え、雇用情勢は悪化の一途をたどっています。解雇に至らなくても、勤務先の休業で手取り額が減少したり、ボーナスが大幅にカットされたりするなど、家計が圧迫され、住宅ローンの返済に行き詰まる人も少なくありません。

そもそも、住宅ローンの返済は20～35年の長期に及ぶことから、当初から無理な借入をしているケースだけでなく、返済途中で病気やリストラ、離婚など、購入当初に予想もしていなかった事態に見舞われると、たちどころに返済が行き詰まってしまいます。

住宅ローン「フラット35」を扱う住宅金融支援機構が公表しているデータでも、なんらかの理由によって返済されない、延滞しているといった状況にあるリスク管理債権は、平成27年度5・12％、平成28年度4・52％、平成29年度3・94％、平成30年度3・49％、令和元年度３・20％と、過去５年の平均値が約４％と高い水準を示し、25人に１人の割合で住宅ローンの返済に問題を抱えていることが分かります。

つまり、コロナ禍という想定外の事態がない時期でも、住宅ローン破綻は誰にでも起こり得る身近に潜む問題だったのです。こうした問題をコロナ禍が一気に表面化させたに過ぎません。

コロナ禍で返済条件の見直しが進む

とはいえ、新型コロナが住宅ローンに与えた打撃は大きく、一部で「10人に１人が家を失う可能性がある」とショッキングな報道がなされるなど、いまや住宅ローン破綻は解決すべき喫緊の問題となっています。

住宅ローンの支払いが滞れば、いずれ競売にかけられ自宅を失うことになります。蓄えがなければ路頭に迷う危険性もあります。こうした最悪のシナリオを回避するため、国は、住宅ローン返済に困窮する人たちがローンの支払いを継続できるよう、各金融機関に対し、住宅ローンの返済期間を延ばすなど返済条件の変更に柔軟に対応するよう強く指導しています。これを受けて各金融機関では、返済条件の変更に応じるとともに、条件変更時の手数料を無料にするなどの措置を実施しています。

返済条件の変更には、①従来の返済期間を延長して毎月の支払額を減らす「期間延長」と、②一定期間元金の支払いはせずに利息のみを支払う「返済猶予」があり、これによって、コロナ禍の緊急事態下で、無理のない返済を継続できるようにするものです。

もともと返済条件の変更は、金融業界ではリスケジュールを略して「リスケ」と呼ばれていました。リスケには、住宅ローンの審査と同等の審査があるため、認められない、拒否されたなどの声も聞かれましたが、コロナ禍ではよほどのことがない限り、「リスケ＝返済条件の変更」は認められているようです。

返済条件の変更は得策か？

返済条件が変更できれば、月々の返済額を抑えることができるので、住宅ローン返済を続けられる可能性があります。そのため、今は支払いが厳しいが、近い将来、収入回復の見込みがある場合には、金融機関に相談して、返済条件を変更してもらうことは得策であるといえます。

返済条件の変更は、銀行にとっては利子で得をするという面もあります。

ただし、返済条件の変更にはデメリットがあることも知っておく必要があります。例えば、返済期間を延長したことで、定年後も住宅ローンの支払いが続くようなことになれば、老後破綻の可能性もあります。例えば、65歳で完済する予定がリスケにより75歳になってしまうと、その年齢まで返済が続くのは厳しいといわざるを得ません。

退職金で一括返済すればいい、と安易に考えがちですが、厚生労働省の調査によればこ20年で退職金の平均額は1000万円近く減少していて、さらなる減少が予想されるため、退職金だけをあてにして返済計画を立ててしまえば、たちどころに行き詰まってしまいます。退職金で住宅ローンを一括返済できないと、なけなしの年金から住宅ローンの支払いを続けなければならなくなり、生活を切り詰め、どうにか住宅ローンを捻出できたとしても、病気をしたり、配偶者に介護が必要になったりした場合には、生活が立ち行かなくなってしまうのです。持ち家があると、原則として生活保護も受給できません。問題を先延ばしにしたツケが老後破綻として大きくのしかかってくるのです。

また、「返済猶予」により一定期間、元金の返済を猶予してもらう場合は、猶予期間が過ぎれば、毎月の支払額に猶予分の金額が上乗せされることを念頭に入れて、猶予期間中に生活の立て直しを図る必要があります。頭では分かっていても、いざ支払いの段になると、上乗せされた金額は、思いのほか負担となります。収入の回復が芳しくなく、そこへ子どもの教育資金の出費などが重なってしまえば、せっかく返済条件を変更しても、住宅ローンの支払いは破綻してしまいます。収入の回復が見込めず、単にその場しのぎになってしまう可能性がある場合は、ほかの方法も検討する必要があります。

とはいえ、返済ができないと分かっていながら、何もせずに延滞してしまうことだけは避けなければなりません。コロナ禍であっても、延滞をすれば重いペナルティが課せられてしまうからです。

延滞をすればどうなるか？

延滞とは、住宅ローンの支払いが遅れることをいいます。延滞すると、①優遇金利が適用されなくなる、②遅延損害金を請求される、③ブラックリストに載せられる、といったペナルティが課せられます。

①優遇金利が適用されなくなる

住宅ローンの金利には「店頭金利」と「適用金利」という2種類があります。店頭金利とは、各銀行が独自に決めている金利のことで、いわば定価のようなものです。適用金利とは、店頭金利から割引をしたあとの金利のことで、この割引を優遇金利といいます。

例えばＡ銀行の店頭金利が２・４７５％、優遇金利が２・００５％の場合、適用金利は２・４７５％－２・００５％＝０・４７０％となります。仮に３０００万円を返済期間25年で借り入れた場合で比較すると、店頭金利だと毎月の返済額は11万９０００円、総返済額は４２５４万円になります。一方、適用金利であれば毎月の返済額は９万円、総返済額は３２１８万円となり、適用される金利が違うだけで、毎月の返済額で２万９０００円、総返済額で１０３６万円も変わってくるのです。

住宅ローンのほとんどは優遇金利の適用を受けているので、店頭金利から優遇金利を差し引いた金利が適用されています。しかし、延滞をすれば、この優遇金利の適用は外されてしまいますので、金利がはね上がり、毎月の返済額や総返済額が増えてしまうことになります。ただでさえ返済が厳しいのに、返済額が増えれば、住宅ローンの返済を続けていくことは不可能に近くなってしまいます。

②遅延損害金を請求される

遅延損害金とは返済が遅れたことに対するペナルティ、罰金のようなもので、返済日の翌日から支払完了までの日数分、支払いが遅れた元金について所定の利率（遅延損害金年率）で計算された遅延損害金が発生します。多くの住宅ローンの遅延損害金の利率は14・0〜14・6％程度で定められていますので、ここでは14・6％でシミュレーションしてみます。

●遅延損害金の計算式

遅延損害金＝遅延した元金×（遅延損害金年率÷365日）×遅れた日数

例えば、9万円の返済が20日遅れた場合の遅延損害金は次のようになります。

9万円×（14・6％÷365日）×20日＝720円

20日で７２０円なので１日あたり36円の遅延損害金が加算されていくことになります。「なんだ、36円か」と軽く考えていると、知らない間に何千円、何万円にも膨れ上がっていることもありますので、注意が必要です。

③ブラックリストに載せられる

巷でよく「ブラックリスト」という言葉を耳にしますが、ブラックリストというものはなく、正式には個人信用情報といいます。個人信用情報（以下「信用情報」）とは、平たくいえばその人の借入に関する情報のことです。「どこからいくら借りているか」「延滞していないか」といった情報が事細かく載せられています。

信用情報を取り扱う機関には、日本信用情報機構（ＪＩＣＣ）、シー・アイ・シー（ＣＩＣ）、全国銀行個人信用情報センター（ＫＳＣ）という３つの機関があり、各金融機関はいずれかの、あるいは複数の信用情報機関に加盟していて、自社で得られた顧客の情報（いくら貸したか、返済状況など）を、加盟している信用情報機関に登録します。登録された情報は、信用情報機関で一括管理され、その機関に加盟している金融機関の間で共有されることになります。つまり、住宅ローンの延滞は、融資先の金融機関だけでなく、その金融機関が加盟している信用情報機関の加盟会員であるほかの金融機関であれば、容易に知ることができるのです。

ただし、1回の延滞でも返済履歴に「遅延」もしくは「未入金」といった記録は残りますが、1回限りであればそれほど問題視されることはありません。ほかの金融機関でローンを組んだり、クレジットカードを作ったりする場合、審査の段階で重視されるのは「異動」情報です。異動情報とは、住宅ローンの支払いが61日もしくは3カ月以上遅れている場合に記録される延滞情報のことで、信用情報に異動情報が記録されていれば、審査はまず通らないと覚悟しておいてください。しかも、この異動情報は、延滞が解消されてから5年間は保有されますので、その間、新たにクレジットカードを作ったり、ローンを組んだりすることは、ほぼ不可能になります。

●日本信用情報機構（JICC）

貸金業法に基づく信用情報機関として国から指定を受けた指定信用情報機関。消費者金融会社、銀行、信販、クレジット会社、保証会社などが加盟しています。

●シー・アイ・シー（CIC）

割賦販売法と貸金業法に基づく信用情報機関として国から指定を受けた指定信用情報機関。クレジットカード会社、ローンを取り扱う銀行、一部の消費者金融が加盟しています。

●全国銀行個人信用情報センター（KSC）

一般社団法人全国銀行協会が運営している信用情報機関。銀行や信用金庫、農業協同組合といった銀行系の金融機関のほか、保証会社やローン会社などが加盟しています。

延滞が続けばどうなるか？

住宅ローンを組むとき、融資先の金融機関との間で住宅ローンの契約（金銭消費貸借契約）を結びますが、これとは別に、「保証委託契約」と「抵当権設定契約」を結ぶのが一般的です。（図表１）

保証委託契約とは、保証会社に保証料を支払って、住宅ローンの保証人になってもらう契約のことで、融資先の金融機関が指定する保証会社と住宅ローンの借主との間で交わされます。

保証会社が代わりに住宅ローンを返済することを「代位弁済」といい、代位弁済後は、保証会社が、債務者に対し、肩代わりした住宅ローンの返済を求めていくことになります。

一方、抵当権設定契約は、融資先の金融機関、もしくは保証会社（抵当権者）と住宅ローンの借主（抵当権設定者 兼 債務者）との間で交わされる契約で、購入した自宅に抵当権を設定することが定められています。

抵当権とは、「担保権」の一つで、万が一住宅ローンの返済ができなければ、抵当権者は債務者が購入した住宅を処分し、処分して得たお金から住宅ローンを回収できます。ただし、いくらお金を払わないからといって、勝手に処分することは許されません。処分をするには裁判所に競売を申し立て、所定の手続きを踏む必要があるのです。

このように、融資先の金融機関は、住宅ローンが返済されない場合に備えて、ローン契約時に、保証会社と契約をさせ、抵当権を設定することで、損をしない仕組みを作っているのです。

では、延滞が続けば、すぐに自宅は競売にかけられてしまうのでしょうか。延滞から競売申立てまでの流れをまとめたのが、図表2です。

図表1 「保証委託契約」と「抵当権設定契約」

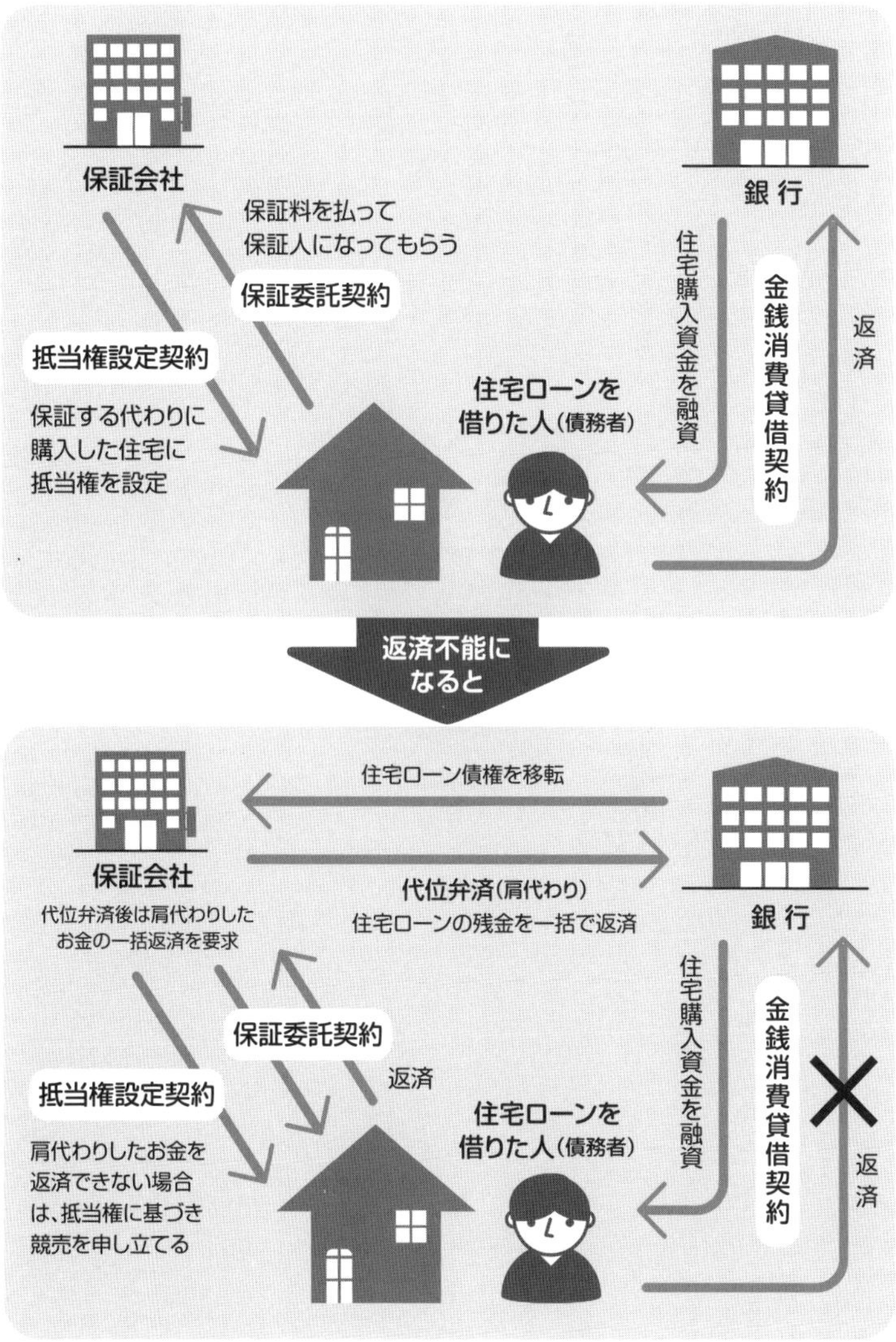

①延滞期間1〜6カ月：金融機関からさまざまな書類が届く

住宅ローンの支払いが遅れると、融資先である金融機関から「ご通知」や「督促状」、「催告書」などのタイトルがついた書類が届きます。どれも、「住宅ローンの支払いが止まっているので、すぐに支払ってください」といった返済を促す内容ですが、延滞が繰り返されると、書かれている文言も、内容も厳しいものへと変化していきます。

◉延滞1カ月……「未入金のお知らせ」

住宅ローンの支払いは、毎月決まった日に指定した口座から引き落とされるのが一般的ですが、口座の残高不足などで、引き落としができなかった場合、金融機関から、「未入金のお知らせ」といった書面が届きます。

これが延滞1回目に届く書面になります。この段階では、うっかり入金を忘れているなど手違いで入金ができていないことも考えられるので、「○月○日までにお振り込みください」と支払いを促したり、あるいは再引落日が通知されたりして、返済ができない事情がある場合はご連絡ください、と事務的に書き添えられています。

再引落日までに入金ができれば、問題はありません。再引落日までの遅延損害金は加

図表２　延滞から競売申立てまでの流れ

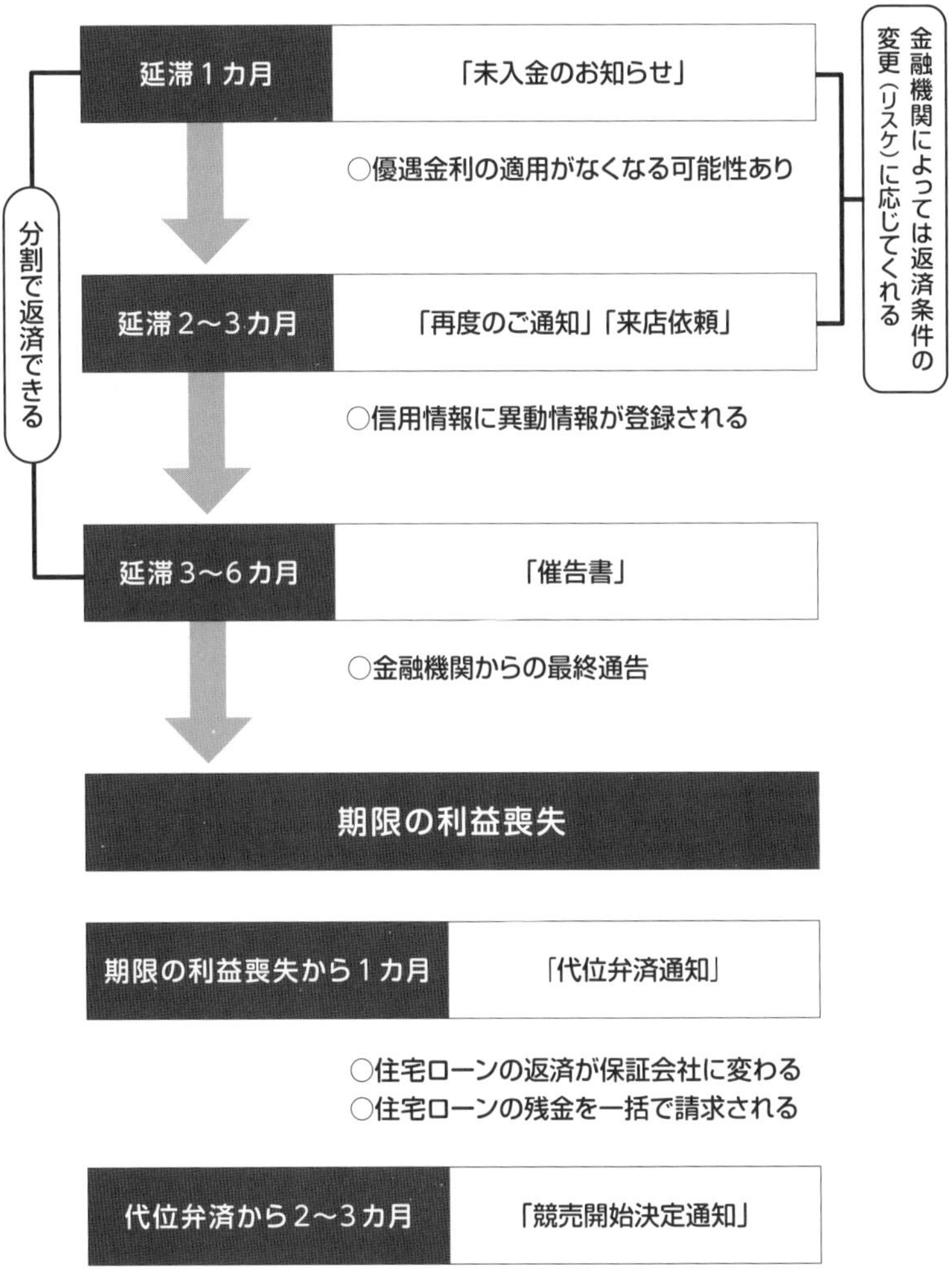

算されますが、数百円程度ですし、信用情報についても返済履歴に「遅延」と記録されますが、カードローンの審査などで重視される異動情報にはなりませんので、大きな支障はありません。

◉延滞2～3カ月……「再度のご通知」「来店依頼」

延滞が2～3カ月続くと、「再度のご通知」や、返済が滞っている理由や現在の収支状況を聞き出すため、金融機関への来店を促す「来店依頼」等の書面が届きます。金融機関によっては電話をかけてきたり、自宅へ訪問したりしてくる場合もあります。

◉延滞3～6カ月……「催告書」

延滞が3～6カ月続くと、「催告書」もしくは「期限の利益喪失予告書」といった書面が届きます。これらの書面は内容証明通知郵便で届くことがほとんどで、それまでの通知書などに比べ、内容も厳しいものとなります。催告書等には主に、①指定の期日までに支払えなければ期限の利益を失うこと、②期限の利益を失えば法的手続を取ること、などが書かれています。

図表3 催告書のひな形

●●県●●市●●1丁目1番1号
△△　△△　殿

催　告　書

平成●年●月●日付金銭消費貸借抵当権設定契約証書に基づく貸付金については、期限の利益を放棄されましたので、上記契約証書より下記貸付残元金の全部、並びに利息及び延滞損害金等を令和●年●月●日迄にお払込みくださるよう催促します。上記期限までにお払込みがない時は、やむを得ず法律上の手続きを取りますから、予めご承知おきください。

残元金　17,763,077 円

令和●年●月●日

発信者　東京都●●区●●2丁目2番2号
独立行政法人＊＊＊＊金融支援機構

上記代理人　●●県●●市●●
3－3－3－303
株式会社　＊＊銀行　●●支店
支店長　○○　○○

住宅ローンは通常、借りたお金を決められた期日に分割で支払うことを約束して契約しますが、この分割で支払うことができることを「期限の利益」といい、住宅ローンの借主（債務者）の権利とされています。つまり、債務者が、決められた期日までに決められた金額を支払っている限りは、融資先の金融機関も住宅ローン全額を一括で返せとはいえないのです。

住宅ローンの契約書（金銭消費貸借抵当権設定契約証書）には、期限の利益喪失条項というものが設けられていて、借主が自己破産や住宅ローンの支払いを滞納した場合などには、期限の利益を喪失し、ただちに住宅ローンの残金を一括で支払う旨が記載されています。そのため、延滞が3～4回続けば、金融機関は、期限の利益喪失を予告する書面＝催告書を送ってくるのです。

この書面が届けば、書面に記載された期日までに遅延損害金を含めた滞納分すべてを支払わない限り、期限の利益がなくなります。期日が過ぎたあとに収入が回復し、住宅ローンの返済を続けられる目途が立ったとしても、従来どおりの分割での支払いに応じてもらえません。「期限の利益」は、すでに失われているからです。住宅ローンの残金すべてを一括で支払わなければ、問答無用で法的手続（競売手続）が進められてしまうのです。この意味で、「催告書」は、住宅ローンをこれまでどおりの分割で払っていきたければ指定した期日までに延滞分を全額支払えという金融機関からの最終通告なのです。

期限の利益喪失は、後戻りのできない「分かれ道」となります。これ以後は、ボーナスが入ったので支払いますといっても、もう遅いということになります。

なお、この時期には、信用情報の異動情報が確実に記載されてしまうため、新たな借入は厳しくなってしまいます。

②期限の利益喪失後：住宅ローンの返済先が保証会社に変わる

住宅ローンの延滞が3～6カ月続くと、期限の利益を喪失し、住宅ローンの支払先は融資先の金融機関から保証会社に変わります。これ以降は分割での返済は認められませんので、一括で住宅ローンの残金を支払わなければ、自宅は差し押さえられ、競売にかけられることになります。

◉期限の利益喪失から1カ月……「代位弁済通知」

催告書に記載された支払期日が過ぎると、融資先の金融機関は保証会社に対し、住宅ローンの残金を、借主に代わって一括で返済するよう請求します。保証会社は、保証委託契約に基づき、請求された住宅ローンの残金全額を、借主に代わって金融機関に支払う「代位弁済」を行います。保証会社が代位弁済をすると、住宅ローンの返済を求める権利（住宅ローン債権）は融資先の金融機関から保証会社へ移りますので、保証会社から「肩代わりしたお金を返せ」と請求が来ます。これが代位弁済通知という書面です。期限の利益喪失からおよそ1カ月で送られてきます。

代位弁済通知には、①保証会社が借主に代わって住宅ローンの残金を融資先の金融機関に返済（代位弁済）したこと、②今後は融資先の金融機関ではなく保証会社が返済先になること、③ただちに遅延損害金を含む住宅ローンの残金を一括で支払うこと、④支払いがない場合は強制執行等の法的手続を取ること、が書かれています。

とはいえ、毎月の返済にも困窮している人にとって、住宅ローンの残金を一括で支払うことはほとんど不可能です。保証会社も、延滞を続けている人から一括で返してもらえるとは思っていません。代位弁済後は、早々に見切りをつけて、競売申立ての準備を始めるのです。その期間はわずか半月から1カ月程度といわれています。払えなければ、自宅を強制的に売却して、肩代わりしたお金を回収する、というわけです。

そのため、代位弁済通知が届けば、競売へのカウントダウンが始まったと考えるべきです。

◉代位弁済から2〜3カ月 ……「競売開始決定通知」

代位弁済通知後、2〜3カ月程度で、裁判所から「競売開始決定通知」が送られてきます。これは、競売手続きが開始されたことを知らせる書面です。

競売とは、住宅ローンを返済できない場合に、債権者である保証会社が、自宅に設定した抵当権に基づいて裁判所に売却を申し立てることで、裁判所が自宅を強制的に売却する手続きのことです。要するに、裁判所が主導するオークションです。

裁判所は競売申立てがされると、抵当権が付いた不動産（自宅）に差押えの登記を行います。差押えの登記がされると、以後、所有者（住宅ローンの借主）は自宅を自由に処分することが制限されます。「処分する」とは、自宅を売却したり、他人に貸したり、あるいは新たに抵当権を設定したりすることです。「制限される」とは、差押えの登記後に勝手に自宅を売却しても、差押えの登記が優先されるという意味です。もっとも、使用は制限されませんので、差押えの登記がされても、競売による買受人が現れない限り、これまでどおり自宅に住み続けることはできます。

競売手続きが開始すると、裁判所が競売に必要な情報を収集するため、執行官と不動産鑑定士が現地に向かい（後述しますが「現況調査」といいます）、対象となる不動産（競売物件）の権利関係はどうなっているか、どれだけの資産価値があるかなどを調査し、報告書を提出します。

裁判所は提出された報告書を基に、不動産の売却基準価格（競売で不動産を購入する際に目安となる価格のこと）を決定し、入札期間が決められます。入札期間とは、競売にかけられた不動産の購入を希望する人が競売に参加できる期間のことで、1週間～1カ月の範囲で期間が定められます。この入札期間は、住宅ローンの借主である競売物件の所有者にも「期間入札通知書」という書面で知らされるとともに、裁判所の掲示板等に公告が

図表4　競売開始から立ち退きまでの流れ

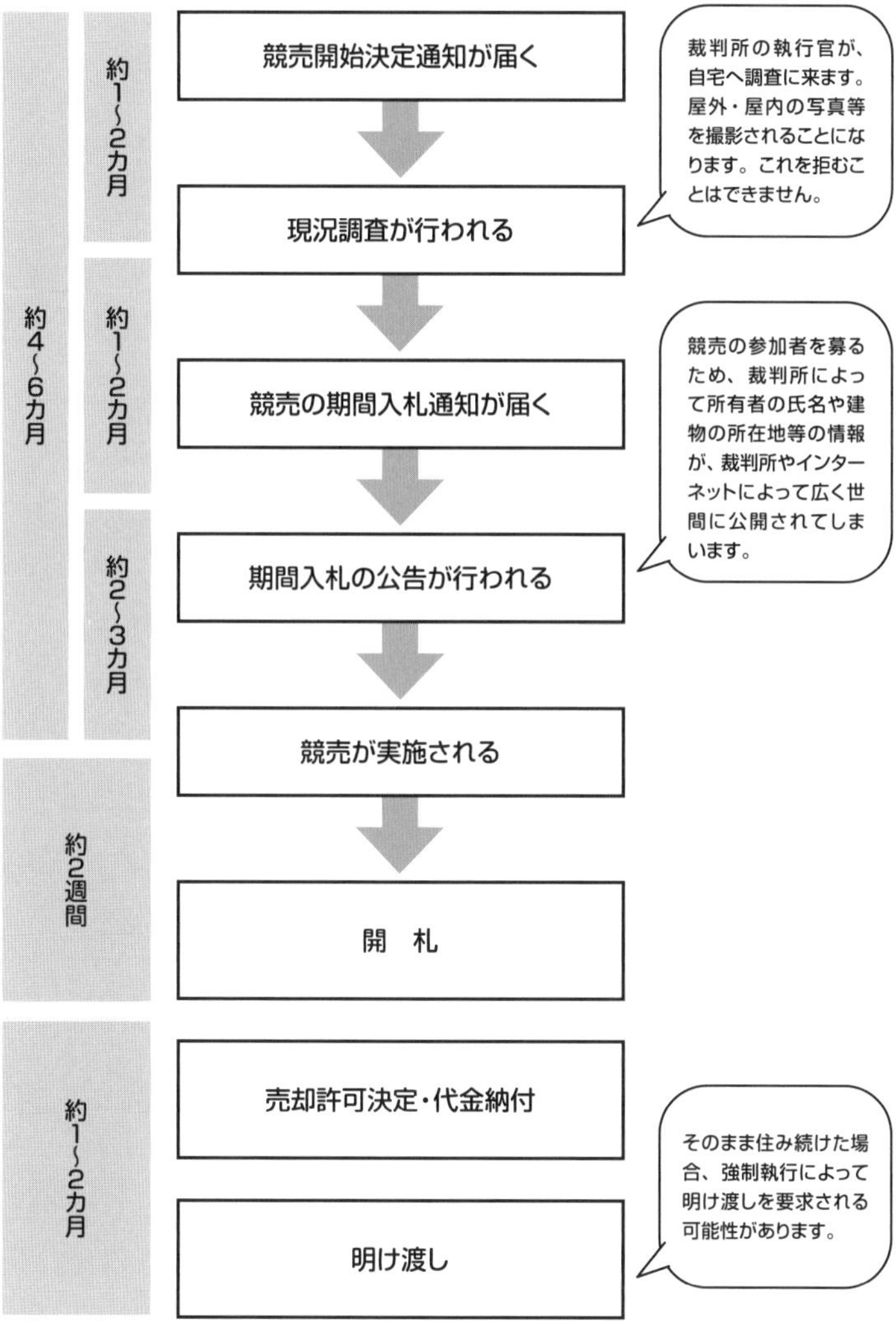

されます。

入札期間が決まれば、競売物件の情報を裁判所が運営するウェブサイト「不動産競売物件情報サイト」（以下「ＢＩＴ」）に公開し、広く競売の参加者を募ります。

このＢＩＴというサイトが曲者です。後述するようにこのサイトには、物件のプライバシー情報が記載されています。

購入希望者は裁判所が配布する入札書に購入を希望する金額を記入し、入札期間内に裁判所に提出します。入札期間が終了すると、あらかじめ決められた日（開札日）に、購入希望者が提出した入札書が開封され、いちばん高い金額をつけた人が買受人になります。

その後、裁判所は買受人に対し、競売物件の売却を許可するかどうかを審査したうえで、売却許可決定（あるいは不許可決定）を出します。ほとんどのケースで売却許可決定が出され、１週間の執行抗告期間中に、競売物件の所有者（住宅ローンの借主）など利害関係人に不服がなければ、売却許可決定が確定します。売却許可が決定した買受人は、決められた日までに代金を納付することで、所有権を取得します。この時点で住宅ローンの借主から買受人へ競売物件の所有権が移転しますので、買受人の請求に応じて自宅を明け渡さなければなりません。買受人の請求に応じずにそのまま住み続けると不法占拠となり、強制的に退去させられることになります。要するに、買受人に追い出されてしまうのです。

競売ではプライバシーが保護されない

「ＢＩＴ」にはどんな記載があるかというと、所在地、間取り図や外観写真だけでなく、室内の様子を撮影したカラー写真も掲載され、「2年前に離婚した元妻が居住している」「猫を飼っている」「室内に物が散乱している」などの詳細な情報も記載されています。住所と外観写真が載っていますので、近隣住民や職場の同僚、友人・知人が見れば、誰の家かすぐに分かってしまいます。

ＢＩＴには、裁判所の職員である執行官と不動産鑑定士が現地に赴いて調査した結果をまとめた「物件明細書」「評価書」「現況調査書」といういわゆる3点セットと呼ばれる報告書がそのまま掲載されます。

「物件明細書」には、オークションで買い受けた人が引き継ぐことになる賃借権や地上権などの情報や、物件に誰が居住しているかといった占有に関する情報、管理費の滞納があるなど買受に際しての注意点が記載されており、買受人にとって最も重要な書類となります。

「評価書」は、裁判所から任命された不動産鑑定士による物件の評価額と評価の過程が記載されています。物件の評価額は、競売特有の事情（売主の協力が得られないこと、買受人は原則として物件内部へ自由に出入りできないこと、強制執行によるものでなければ物件の引き渡しが受けられないこと、雨漏りやシロアリによる柱の腐食、給水設備の故障など物件に欠陥があることがあとで分かった場合でも損害賠償を請求できないことなど）を考慮して、市場価格よりも3〜4割前後低い価格になることがほとんどです。

「現況調査書」には、物件の形状や占有関係、その他現況（太陽光パネルを設置している、ドアの下部にペット用の出入り口がある、障子が破れている、鍵の一つが壊れているなど）が記載され、所有者や居住者の話（所有者から賃貸して家族と一緒に住んでいるなど）や執行官の意見（建物内には生活用動産類はまったく存在しておらず、空き家の状態で使用していたものと思われるなど）が記載されています。この現況調査書には物件の外観写真や間取り図のほか、室内写真も多数掲載されることになります。

執行官の立ち入り調査を拒否することはできない

執行官の現況調査は、競売の対象となる住宅に出向いて、屋外だけでなく室内にも立ち入って調査を行います。この執行官の現況調査は無断で行われることはなく、事前に「○月○日○時に執行官が自宅に行きます」というお知らせが自宅に届けられます。

執行官の現況調査では室内外の写真を撮影するだけでなく、居住者への聞き取り調査も行われ、プライバシーなどお構いなしに根掘り葉掘り聞かれるので、現況調査に立ち会うだけでも心理的な負担は相当大きいといえます。たとえ自分の家であっても、執行官の立ち入りを拒否したり、妨害したりすることはできません。暴力で執行官の立ち入りを阻止しようものなら公務執行妨害罪となり警察官がやって来ます。

現況調査を避けるため居留守を使ったり、わざと不在にしたりしても無駄です。執行官には現況を調査する権限が与えられていますので、不在の場合は鍵を解錠して強制的に室内に立ち入り、調査を行うことができるからです。不在の場合、現況を調査するため近隣住民への聞き取りが行われることがあり、そこから競売にかけられていることが知られてしまい、周囲の目が気になって、平穏な生活を送れなくなることもあります。

執行官だけではない。不動産業者が突然訪問してくる

競売が開始されると、郵便ポストに不動産業者からのダイレクトメール（以下、ＤＭ）が大量に届くようになります。なかには、突然自宅を訪問し売却を迫るたちの悪い不動産業者もおり、写真を撮ったり、近隣住民への聞き込みを行ったりすることもあり、近所でよくない噂が広まってしまうこともあります。

では、なぜ不動産業者は競売にかけられていることを知っているのでしょうか。

競売が開始されると、裁判所内に配当要求終期の公告が掲示されます。不動産業者はこの公告を見て、競売にかけられた物件の所有者の氏名・住所を入手し、手あたり次第ＤＭや電話、訪問営業などでアプローチしてくるのです。ＤＭを送ってくる不動産業者はほとんどが悪質な業者です。

大量に送り付けられるＤＭの内容は嘘だらけです。「高値でご自宅を買い取ります」「引越代として１００万円を保証します」「競売からあなたの大切な家を守ります」など、非常

に魅力的な言葉があふれていますが、そんなうまい話はないのです。

任意売却で自宅の売却金額を決めることができるのは、住宅ローンの債権者だけです。不動産業者に買取金額を決定する権限はありませんので、高値で買い取るなど言い切れるはずもないのです。引越代を渡すかどうかも債権者次第なので必ずもらえる保証はなく、まして１００万円もの高額な引越代を認めてくれることはありません。

このような嘘のＤＭを信じて任意売却の依頼をしたが、結局任意売却は失敗に終わり競売になってしまいそうだと相談に来られる方もたくさんいます。何かにすがりつきたい気持ちは分かりますが、甘い言葉に乗ると取り返しがつかないことになりますので、ＤＭを送り付けてくる業者は無視するのがいちばんです。また、いきなり自宅を訪ねてくる不動産業者はかなり悪質ですので、絶対に依頼しないようにしてください。

強引に家を追い出される

競売では、最高値をつけた人が買受人となります。買受人は、代金を納めると、競売にかけられた物件の所有者となります。それまでの所有者がすんなり自宅を引き渡せば問題はありませんが、買受人が代金を支払ってもなお自宅に居座り続けると「不法占拠者」になります。

もちろん、競売では引越代は出ませんので、自分たちでなんとか引越費用を捻出しなければなりません。経済的に苦しく、引っ越しできないといってずるずる居座り続けると、最終的には裁判所から「引渡命令」が出され、着の身着のまま自宅から追い出されてしまうことになります。

精神的苦痛だけではない。競売は経済的マイナスも大きい

競売には、内覧ができなかったり、住宅の欠陥があっても賠償してもらえなかったり、前の所有者が自宅に居座った場合は強制的に退去させる必要があるなど、競売特有のリスクがあります。こうしたリスクを「競売減価」として、市場価格から3～4割程度値引きして売却されます。

そのため、競売では市場価格の6～7割程度の金額でしか自宅が売れないため、競売にかけられても、多額の住宅ローンが残ってしまうことになります。当然、競売後に残った

住宅ローンも借金であることに変わりませんので、支払わなければなりません。強制的に自宅を取り上げられるだけでも相当なストレスなのに、自宅を失っても、思ったほどには借金が減らないのが競売なのです。

何もせずに手をこまねいていては1年で自宅を失う

競売開始決定から早ければ４カ月で競売が開始され、その後２カ月程度で、買受人から自宅の明け渡しを求められます。つまり、住宅ローンを延滞し始めて６カ月程度で自宅は差し押さえられ、１年もしないうちに自宅を失うことになるのです。

住宅ローンが支払えなくても、競売を回避する方法は残されています。しかし、延滞期間が長引けば長引くほど、選択肢が狭まり、挙句の果てには強制的に自宅を取り上げられ、住み慣れた家を追い出されることになるのです。

競売が開始されても、開札期日の前日までなら、競売を取り下げることができるので、形式的には、任意売却などの方法を選択する時間がありますが、保証会社のなかには、競売を申し立てたが最後、頑なに取り下げに応じない会社もあります。また、取り下げに応じると言いながらも、無理難題を吹っかけて、結局、時間切れで任意売却ができなくなるケースも少なくありません。

「住宅ローンが支払えない」と思ったら、早い段階で対策を立てることが必要です。延滞期間が短ければ短いほど、選択できる方法は多くなり、条件がそろえば、家に住み続けていくことも可能になるのです。

第2章

住宅ローンが支払えないのはなぜ？
まずは生活収支を把握することが肝心

〈1〉現状把握・収入と支出のバランス

まず、収入がいくらで、毎月どのくらいの金額が出ていくのかを洗い出す必要がありま す。そのうえで、住宅ローンはどれくらい残っているのか、その他の債務（車のローン、消費者金融からの借入など）がどれくらいあるのかを洗い出します。

それから、いかに支出を減らせるかを検討し、減らしても対処できないのであれば法的手続を考える必要があります。依頼者の方は自暴自棄になっていることもあり、誰からどのくらい借入があるのかを把握されていないこともあります。

図表5の家計収支表は、自己破産等の法的な手続きをする場合にも必要になってくる書類ですが、自分の現在おかれている月額の収入と支出が分かるようになり、現状の把握には欠かせないものとなります。

図表5　家計収支表見本

	項目	金額	合計
収入	給与	286,543	①368,888
	妻の給与	62,345	
	児童手当	20,000	
支出	食費	78,800	②275,335
	電気代	11,719	
	ガス代	5,061	
	水道代	5,894	
	携帯電話料金（2人分）	12,300	
	その他通話料・通信料・CATV 等（NHK）	7,854	
	日用品	5,500	
	社会保険料	47,090	
	交通費	14,195	
	医療費	5,500	
	被服費	8,922	
	教育費（子どもの習い事）	6,000	
	娯楽費	9,500	
	美容費	7,000	
	お小遣い	30,000	
	保険料	20,000	
			①−②93,553

〈2〉対処方法（法的手続）

大きく分けて、①任意整理、②個人再生、③自己破産です。後述しますが、法的手続は大まかに3つあります。①、②で対処できるならば任意売却をする必要はなく、自宅を残すことができます。特に、②の個人再生は、住宅ローン特則付きの制度があり、この制度を使えば自宅を残すことができます。債務が多くなると使用できず、その見極めは弁護士が行いますので、信頼できる弁護士に相談し、進路を定めましょう。

〈3〉理由を見つめなおす

住宅ローンを払えなくなる理由は、大きく5つに分かれます。①離婚、②リストラ、③病気、④老後破綻、⑤不動産投資の失敗です。私のもとへ来る相談の割合としては、①3割、②1割、③2割、④3割、⑤1割です。住宅ローン破綻から抜け出すには、今の自分がおかれている現状を正しく把握すること、および選択可能な対処方法を知ることが必要です。

それぞれの理由によって解決方法が異なります。

①離婚

結婚して、マイホームも購入して幸せだった家庭にも不幸が訪れることがあります。離婚です。私も離婚の経験があります。マイホームを買ったはいいけれども、離婚が決まると、とたんに悩みの種となります。離婚後のマイホームの処分は、購入時の何倍もの労力と精神力を費やします。

夫が住宅ローンを組んで生活していたと想定すると、夫が自宅に残る場合と、妻が自宅に残る場合の2パターンがあります。

(1)夫が残る場合、家族で住んでちょうどよかった広さの自宅も、夫一人では広過ぎます。しかし、地元不動産業者に査定を依頼すると、住宅ローンを完済するにはまったく足りない価格でしか売れないことが判明し、「そろそろ貯金も足りなくなってきたし、どうしたらいいんだろう……」というご相談が多いです。

(2)夫が出ていき、妻が子どもと自宅に残った場合には、夫は住宅ローンに加えて、自分の賃貸マンションの賃料、また養育費等も加わり、住宅ローンが支払える状態ではなくなります。次第に滞納し始め、最後には妻と子どもが暮らす家に競売の通知が届いて、問題が発覚するという場合もあります。妻にとっては寝耳に水ですが、通知が届く頃には、もう取り返しがつかない状況になっています。「毎月きちんと支払ってもらう約束だったのに、そんな……」という相談者は後を絶ちません。

残念ながら、所有者および住宅ローンの債務者ではない妻には取り得る手段がありません。あくまで、夫主導で動いていく必要があります。

問題が複雑化するケースとしては、夫婦共有名義であったり、妻の父親がお金の一部を工面したことにより親子共有名義であったりするときです。売却しようにも、どちらかが反対すると話が前に進まなくなります。

妻が連帯保証人になっていた場合にも、同様の問題が起こります。「元夫名義、元夫所有の不動産で住宅ローンの連帯保証人になっていたが、離婚したので保証人から外れたい」という相談をよく受けますが、後から連帯保証人を抜ける方法はありません。連帯保証人は、なった瞬間、ほぼ債務者本人と同じです。

また、連帯保証人は任意売却時に、顔も見たくないであろう元配偶者と共同して売却する必要があります。しかも、売却をしても、住宅ローン全額を返せない「負動産」であるためなおさら話は前に進まなくなり、競売という最悪のケースになることも多くあります。

離婚の場合には、離婚前に、不動産をどうするのか、夫婦間で話しておくことが非常に重要です。すでに問題が先送りになっている場合には、精神的な面が障壁となっていることがほとんどですので、我々や弁護士などが間に入ることで問題を整理し、解決していくしかありません。

②リストラ

リストラの対象となり途方に暮れている、転職したが3分の1程度の収入になってしまった、リストラされていないが残業がなくなり大幅に減収した、会社が倒産し再就職もなかなかできず住宅ローンを支払えなくなったなど、新型コロナの影響もあり、減収によって住宅ローンを払えなくなった理由はさまざまに考えられます。

リストラ等により収入が減少した場合は、任意売却したとしても債務が残るので、問題は抜本的には解決できません。住宅ローンの支払いが済んだとしても、その他の借金の支払いが終わらなくなる恐れがあるため、生活の再建を考えて定期的な収入を得る必要があります。

ですので、リストラ等による収入減の場合には、任意売却だけで解決しようとせず、生活の糧を得ることをまず最優先としましょう。その次に、債務をできる限り減らし、生活できる収入と支出のバランスを調整することが肝心です。

③病気

がんやうつ病、その他の病気により仕事を辞めなくてはならなくなった、退職はしないが収入が減少し、他の借入も増えたため、住宅ローンが支払えなくなったという方の相談も多数あります。

がんなどの病気を患った場合には、団体生命信用保険でカバーされ、住宅ローンの支払いが免除されることもあります。病気にかかると、仕事に支障が生じて収入が減るだけでなく、治療費なども必要になります。そのうえ住宅ローンまで支払うとなれば、たちまち生活が成り立たなくなるので、こういった制度は非常にありがたいです。

うつ病の場合は、正常に解決策を模索できる状態でないため、ただただ問題を放置されている方もいます。競売の現況調査が行われてから私のところへ相談に来られ、いったん任意売却の方針でまとまりましたが、その後は連絡が途絶え、自宅にうかがっても玄関に出てこず、最終的に競売になってしまったという方もいました。

焦る気持ちは非常に理解できますが、生活の再建を考えると、まずは病気を治療することに専念すべきです。そのうえで、競売等ではなく、少しでも納得できる最善策を模索し続けることが大切です。

引っ越しは、身体的にも精神的にも非常にストレスがかかるので、病気のときには、できれば避けたいものです。病気の種類にもよりますが、同じ環境に住み続けることが、治療にとって大事になることもあると思います。

最後まで諦めずに、親子間売買やリースバックなど、最善策を模索し、可能な限り住み続ける方法を考えることが、リスタートにとっては肝心です。

④老後破綻

老後破綻が原因で相談に来られる方も数多くいます。

フラット35を提供する住宅金融支援機構のデータから、２０２０年の利用者の住宅ローンを完済する計画は平均73歳であり、20年間で5歳上昇したことが分かりました（日本経済新聞２０２０年10月5日朝刊）。晩婚化によって借入時点の平均年齢が高まったことや、住宅価格の上昇に伴う借入額の上昇が要因となっているようです。

この記事が示すように、返済し終わる年齢が上昇しているため、従来のように、60歳で定年してあとはゆっくり年金暮らし、とはいかなくなっています。この傾向は今後も続いていくと思われ、平均80歳弱まで住宅ローンを返済し続けなければならない時代が到来すると思われます。そうすると、老後でも多くの資金が必要になってくるため、蓄えのない人たちはたちまち破綻してしまいます。

破綻してしまう原因としては、（1）もともとの住宅ローンの計画が破綻していた、（2）リスケにより破綻してしまった、が半々です。

（1）について、例えば45歳で35年の住宅ローンを組むことは、よほどの余裕があり繰上返済の予定が濃厚である場合以外は、計画段階で破綻しているといわざるを得ません。65歳まで働いたとしても、80歳まで残り15年間、貯蓄と年金で住宅ローンを支払っていく計画を当初から立てているということになりますが、常識的に考えて無理なことは明白です。

（2）については、例えば65歳までに返済する予定が、途中で支払いが厳しくなってリスケをし、返済が10年延びたとします。そうすると75歳まで返済が延びます。しかし、もともと支払いが厳しくてリスケをしたのですから、年金暮らしで貯蓄を切り崩しても返済が追い付かなくなってしまうのは当然のことです。残念ながら、住宅ローンを組むときに資金計画を十分に練っていなかったといえます。

このような場合には、法的手続を取ることを強くお勧めしています。今後の収入が増える可能性が非常に低いなかで取り得る手段としては、支出を抑えるしかありません。そのためには、自己破産などで免責許可（借金を帳消しにするもの）を得て、住宅ローンなどの借入をなくす必要があります。

相談に来られる方は、「自己破産だけはしたくない」という方が多いです。日本人には真面目な方が多く、特に世代が上の方ほど、「自己破産＝悪」だと思っている傾向にあります。

しかし、自己破産は何も恥ずべきことではありません。誰にでも起こり得ることで、国が公に認めた制度です。有効活用してリスタートを図り、心に余裕のある生活を送るべきだと私は考えています。

⑤不動産投資の失敗

この問題に直面する方は、医者・公務員・看護士等に特に多いです。投資不動産ブームに乗って投資不動産会社に騙され、ワンルームや一棟収益マンションを買わされた方が多くいます。これらの職業は、ローンが下りやすいので騙されるのです。そういう方にターゲットを絞り、悪徳投資不動産会社は営業をかけます。スルガ銀行の不正融資のように営業マンと銀行員がタッグを組んで騙したという事例もあります。

最初はマイナス補塡も2万円程度で済んでいたが、途中から10万円も補塡しないといけなくなった、収納代行会社が賃料を支払ってこなくなった、というトラブルに巻き込まれる方もいます。

「投資に失敗したのなら、投資した不動産を売却すればよいのでは?」と思われるかもしれませんが、そういう場合には、実際より高値で買わされており、いざ売却しようとすると数百万円のマイナスになるというような場合がほとんどです。本当にそんなうまみのある不動産なら、不動産会社は自分で購入し利益を得ているはずで、自分で購入しないということは、ハズレの物件をつかまされている証拠なのです。それを知らずに放置していると、「不動産投資に失敗した」では済まされない事態となります。

図表6　住宅ローンの返済フローチャート

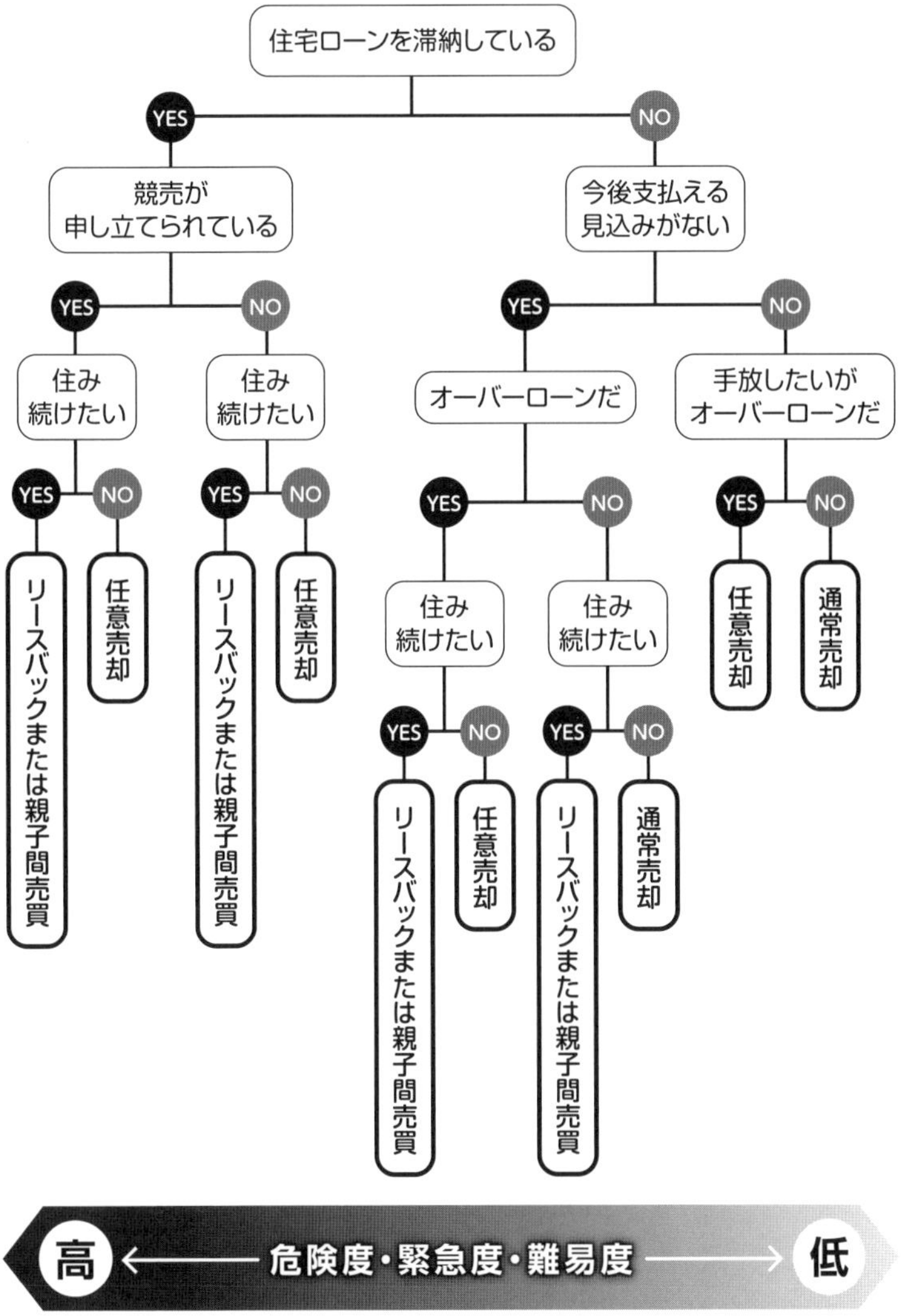

というのは、不動産投資の失敗は、自宅の住宅ローンにも関係してくるのです。投資用不動産を任意売却し、信用情報の記載をされたうえで代位弁済をされると、金融機関や債権者が自宅に仮差押えや競売申立てをしてくる場合があります。こうなると、自宅の住宅ローンはしっかり払っていたとしても、自宅の住宅ローンも影響を受けて、期限の利益を喪失する危険性があるのです。

このような場合には、投資用不動産だけではなく自宅の住宅ローンも含めてトータルに相談し、問題解決を図る必要があります。投資用不動産を任意売却することにより、自宅まで売却する必要が生じてしまうのは、本末転倒です。

第3章

住宅ローンを放置すれば家を失い、借金も残る！
最悪のケース・競売を避け、
任意売却で住宅ローン地獄から逃れる

住宅ローンが支払えないとどうなるの？

ほかにも借入があり、収入も減って、支払いの目途が立たず、どうしようもない。そんなときの最もオーソドックスな解決方法は、自宅を売却して、売却した金額で住宅ローンの残金を返済する「任意売却」です。

「狭義の任意売却」とは、「①売買金額より残債務額が上回る場合に、②不動産に対して担保権を設定している債権者・抵当権者（保証会社等）および利害関係人（市役所・財務省など）に不動産売却金の配分を行うことによって承認を得て抵当権や差押登記等を解除してもらい、③債務者である売主と第三者の買主との間における売買契約を成立させること」です。要約すると、「①オーバーローンでローンを全額返せないが、②金融機関等のお許しを得て、③不動産を売却すること」です。この３つの要素が非常に重要です。

相談に来られる方のなかには、「任意で売却する」のだから好きに売却活動ができると考えている方がいますが、それは大間違いです。売却代金を勝手に決めることはできませんし、期間も限られます。あくまで強制競売の対義語として、「任意売却」という言葉が使われているだけです。

任意売却であれ、競売であれ、自宅を失うことに変わりはありません。先述したように、競売は裁判所という国家権力によって強制的に家を取り上げる手続きのため、精神的なダメージが大きく、その後の生活再建に大きな支障が出る恐れがあります。また、競売では知られたくないプライバシーが公にさらされてしまい、知人や職場の人たち、近隣住民にまで競売にかけられたことを知られてしまう危険性もあるため、できるだけ競売を回避するのがベストな選択といえます。

＊「広義の任意売却」は、①のオーバーローンにならない場合も含んで指すこともあります。すなわち、滞納により競売になっている場合や、固定資産税の滞納により差し押さえられた場合で、売却するとすべての債務を返済できるが、②債権者などの利益調整や応諾が必要であるような、③不動産の売却方法です。このような場合も、債権者の承諾を得なければならないという意味で、広く任意売却という言葉を使うこともあります。

任意売却って競売とどう違うの？

強制的に家を取り上げられる競売と違って、自分の意思で売却するので、競売のような精神的ダメージを受けることが少ない、というのが任意売却の特徴です。しかも、売却方法は通常の不動産の売買（一般売却）と変わらないので、ウェブ上でプライバシーがさらされたり、近所の人たちに知られたりする危険性も低いです。

さらに、任意売却では、一般売却とほとんど変わりなく、市場価格と同程度で取引されるため、競売に比べその後の住宅ローンの残金も少なくなります。また、売却代金から引越費用を出してもらえる可能性があることもメリットです。任意売却の主なメリットは次の6つです。

図表7　任意売却と競売の対比表

競売		任意売却
市場価格の6～8割になる可能性が高い	売却価格	相場程度で売却可能
自分で持ち出す必要がある	諸費用	売却代金から捻出可能
自分で用意する必要がある	引越代	売却代金から捻出可能な場合がある
官報、インターネットで広く公開される	プライバシー	通常の売却と同様なのでプライバシーは守られる
多くの残債務が残り、今後の支払条件の交渉は難しい	残債務	大きく圧縮でき、今後の支払条件についても交渉できる
いっさい考慮されない可能性がある	個人の意思	ある程度考慮される

任意売却のメリット

・自分の意思で売却できる

競売では、どうしても心理的に「強制的に家を追い出された」という屈辱感が強く残ってしまいますが、任意売却は「自分の意思で家を売る」ことなので感情面でのしこりが残りません。

・プライバシーが守られる

競売のＢＩＴには、自宅内の写真やプライバシー情報が記載されますが、任意売却は第三者から見ると通常の不動産売買と変わらないので、近所の人に「住宅ローンを滞納した」などの事情を知られる可能性は低いです。債権者の意向にもよりますが、外観写真などをいっさい外に出さずに売却活動を行うことも可能なので、ウェブ上でプライバシーがさらされる心配もありません。ＳＵＵＭＯなどのネット広告を介することなく秘密裏に売却する方法もあります。

●競売よりも高く売れる

市場価格の6~7割程度でしか売れない競売に対し、任意売却ではほぼ市場価格で売却することができるので、売却後の住宅ローンの残金が競売よりも少額で済みます。

●引越代がもらえる可能性がある

確実ではありませんが、仲介会社との交渉により売却代金から引越代を出してもらえる可能性があります（債権者によっては交渉の余地はなく、もともと引越代の拠出を認めていない場合もあります）。引越費用はいったんご自身で立て替える必要がありますが、不動産売却で捻出できると、決済（引き渡し）の際に領収書を示すことで債権者から戻ってきます。

●仲介手数料や登記費用などの持ち出しは不要

よく任意売却専門会社が「費用は0円」と打ち出しているのは、債権者との交渉により、手出しとして拠出するものがないということです。任意売却では不動産業者への仲介手数料や、抵当権の抹消にかかる登記費用を売却代金より捻出しますので、通常の売却のように別途準備する必要がありません。もっとも、売却代金の一部から拠出しているので、売主が支払ったことには変わりがありません。債権者との交渉によって仲介手数料等をいただくことになります。仲介手数料は法律で上限が決められており、「成約金額×3％＋6万円」となります。債権者によっては、2％以上は認めないというところもあります。これは仲介会社と任意売却の不動産会社との交渉によって変わってきます。

●売却後に残った住宅ローンの返済は柔軟に対応してもらえる

これについては後述しますが、任意売却後の残金の返済については債権者と交渉することが可能です。

一般売却と比較してのデメリット

任意売却は、競売と対比するとデメリットは何もありません。競売になってしまうのが最悪のシナリオであり、それを回避する解決方法が任意売却なのです。

しかし、一般売却と比べると「ブラックリストに載る」という点は、デメリットです。後述するように、滞納しなければ任意売却はできず、滞納すると「ブラックリストに載る」

からです。その点では、競売も同じです。競売になるということはすでに滞納状態にあるということなので、信用情報に記載されてしまい、ブラックリストに載ってしまいます。

一般売却と任意売却の違い

任意売却は、①オーバーローンであり、②債務者の応諾が必要であり、③所有者自らの意思で売却するものです。

任意売却は、競売とは異なり、③の要素があるため、基本的には一般売却と同じですが、①のため「任意売却が終了しても住宅ローンが残る」、②のため「売却価格は債権者が決定し、契約書に停止条件として、債権者の応諾を入れなければならず、配分案を提出して、すべての債権者の納得・応諾が必要となる」という点が異なります。

滞納・代位弁済後でなければ任意売却はできない

住宅ローンの滞納を4カ月ぐらいすると、保証会社は債務者に代わって、融資先の金融機関に住宅ローンの残金全額を返済する「代位弁済」を行います（27ページ図表2参照）。代位弁済が行われれば、融資先の金融機関は住宅ローンとして貸し付けたお金を全額回収できます。そのため、融資先の金融機関は、保証会社から代位弁済を受けるまでは、任意売却には同意しないのです。代位弁済の前提として、住宅ローンの滞納が必要になるため、滞納・代位弁済後でなければ任意売却できないことになります。

融資先が住宅金融支援機構の場合は期限の利益喪失後から任意売却が可能

フラット35で知られる住宅金融支援機構には保証会社がありません。つまり、代位弁済は行われないのです。とすれば、任意売却にも応じてもらえないような気がしますが、そうではありません。むしろ住宅金融支援機構は、競売よりも任意売却のほうが高値で自宅を売却できることから、ホームページ上に「任意売却パンフレット」を公開するなど、広く任意売却を推奨しているのです。

ただし、これはあくまでも返済が困難な人向けのものなので、滞りなく住宅ローンを支払っている段階では、任意売却には応じてもらえません。任意売却は、競売とならび、融資した住宅ローンを回収するための最終手段だからです。そのため滞納が続き、どんなに督促しても支払ってもらえないという状況で初めて、住宅ローンの残金よりも低価格で売却する「任意売却」を認めることができるのです。

住宅金融支援機構が任意売却に同意するのは、期限の利益を喪失してからになります。

金額を決定するのは「債権者（＝抵当権者）」

債権者や利害関係人の承諾を得て売却する任意売却では、金額を決定するのは不動産会社ではなく売主でもなく「債権者（抵当権者）」です。決定された金額で売却するしかないのです。その金額に口出しすることはできません。

債権者（抵当権者）の承認を得ずに、勝手に金額を決定して任意売却をした結果、決済できずに競売になってしまい、相談に来られた方もいます。高値の査定に騙されてはいけません。

任意売却の手続きの流れ

任意売却では、次のような流れで手続きが進められます。相談から売却までの期間はおおよそ4～6カ月が一般的です。

●現状を把握

住宅ローンが支払えない理由はさまざまです。他の債務の状況も見極めながら、住宅ローンの滞納状況や住宅ローンの残金を把握したうえで、任意売却以外に方法はないかを検討していきます。

有効な手段は、通常どおり住宅ローン特則付きの個人再生など、自宅を残して債務を圧縮する方法です。もっとも、この方法は、住宅ローンを通常どおり支払いながら他の消費者金融等の借入を圧縮して3年ほどで返済していく方法ですので、毎月の返済が厳しくなって住宅ローンが払えなくなり、後になって任意売却して自己破産するという方もいます。

そのため、任意売却を請け負う不動産会社は、どのような理由によって住宅ローンが支

図表8　任意売却の流れ

STEP 1　事前相談

(1) 物件調査（内覧他）
(2) ローン残額・債権者（サービサー）確認
(3) その他の債務の確認
(4) 引っ越しの計画

↓

STEP 2　債権者との売出価格交渉　重要

(1) 任意売却申出書の提出
(2) 査定書の提出
(3) 債権者からの売出価格提示

↓

STEP 3　媒介契約の締結

(1) 専任または一般媒介契約（債権者の要望に沿う）
(2) 調査のための委任状

↓

STEP 4　販売活動

(1) レインズ（近畿圏不動産流通機構）登録
(2) 協力業者への情報提供
(3) ホームページ
(4) オープンハウス
(5) 近隣への紹介（土地・空き家の場合）
(6) 内覧

↓

STEP 5　購入申込み

(1) 買付証明書の取得
(2) 諸条件の調整

STEP 6　配分案作成・抵当権抹消承認　重要

【各費用の調整】
(1) ハンコ代
(2) 管理費・修繕積立金滞納金
(3) 固定資産税滞納金
(4) 引越代
(5) 司法書士費用
(6) 仲介手数料

STEP 7　売買契約

契約はできる限り、持ち回りにて行います。
引っ越しを計画し、引っ越しの準備を進めます。

STEP 8　決済（引き渡し）

住宅ローンの返済、抵当権の抹消、鍵の引き渡しを行います。
※弊社の場合は、銀行窓口にて、平日の午前中に行います。

払えなくなったのか、きちんとヒアリングをします。どうしても住み続けたいと希望する場合には、親子間売買やリースバックの可能性を探りつつ、任意売却しか解決方法がないと判断すれば、任意売却の流れを説明していきます。

・自宅の価格査定

何度もいいますが、任意売却では自宅の売却価格を決定するのは、「住宅ローン債権者・保証会社等」です。所有者がなんといおうと、不動産会社がなんといおうと、値段の決定権はすべて債権者にあります。

査定書は、あくまで、我々不動産会社が「債権者」に売却できる見込みがあると提示するために作成するものです。「高い値段で査定」してくれた会社に任意売却を任せようと考える方がいますが、査定はあくまで「この価格で売れるかも」という目安であり、その金額での売却が保証された見積もりではありません。任意売却のことを理解せずに、所有者に媚びるためだけにむやみに高値で価格を査定する不動産会社もあります（業界では「高受け」といいます）。具体的に売却できる金額を提示しなければ、なんら意味がありません。

そんな提案をする担当者であるならば、任意売却は成功しない可能性が高いです。高値の査定に騙されてはいけません。

●債権者と販売価格の交渉

価格査定の次は、債権者と販売価格について交渉をしていきます。任意売却では、住宅ローンの残金全額を返済できないなかで、自宅に設定された抵当権を抹消してもらわないといけません。債権者の同意が得られなければ、抵当権の抹消は望めませんので、任意売却では債権者との交渉がとても重要になってきます。

不動産会社が提出した査定書をもとに、債権者が不動産業者からヒアリングをし、その後債権者から価格の提示の書面が届きます（図表9）。

この価格であれば売却してもよいと債権者が提示するもので、あとから「やっぱりこの金額では売却できません」とはならないので、所有者にとっても安心です。

何よりも大切なのは、抵当権を設定している住宅ローンの債権者の承諾をもらえる値段で、売却を開始しないといけないということです。

なお、少数ですが債権者のなかには、価格を提示してくれないところもあります。すな

図表9　価格提示の書面

〒×××-△△△△

令和●年●月●日

●●市●●区●●△丁目△番△号

●●不動産株式会社
代表取締役　●●　●●　様

●●市●●区●●△丁目△番△号
△△保証株式会社
◇◇管理部
　担当者　●●
　電話　××-××××-××××
　FAX　××-××××-××××

売出価格のご連絡

拝啓　時下ますますご清祥のこととお慶び申し上げます。
●●様の不動産の任意売却に関して、売り出し価格を下記のとおり決定しましたので、お知らせします。

○売出価格　　470万円

〈ご留意点〉
○買主は、原則としてエンドユーザー様でお願いします。

○任売を行うか否かは社内協議事項となりますので、買付が入っても価格、その他条件等により、お受けできない場合がありますので、予めご了承ください。

○販売開始日より3カ月経過しても、当社が検討できる買付がない場合は、原則として競売申立てを行いますので、ご承知おき願います。

○その他依頼事項等は、進行に応じてあらためて、お伝えさせていただく予定です。

※媒介契約書およびレインズ登録証明書の各写しをご提出願います。(FAXで結構です)
(本書面と入れ違いの場合はご容赦ください)

敬具

わち、任意売却の価格は提示しませんが、もし買いたいという方が現れたら、その都度、任意売却を承諾するかどうか判断するというスタンスです。このような場合は、お墨付きを得られないため、売却価格を非常に高く設定し、売却活動をしていく必要があります。例えば、相場は1000万円だと分かっていても、1000万円ではもしかしたら債権者が承諾してくれない可能性もあるので、1200万円ぐらいから売却を開始し様子をうかがって進めていく必要があるのです。このような手続きは豊富な経験がなければなかなか進めづらいものです。

・媒介契約の締結

債権者の提示価格に従って、相談者と不動産業者との間で媒介契約を結びます。媒介契約とは、平たくいえば、「この価格で自宅を売却する」という不動産業者との契約のことです。媒介契約には、①専属専任媒介契約、②専任媒介契約、③一般媒介契約の3種類があります。

売却依頼を1社に任せるのが、①専属専任媒介契約と、②専任媒介契約で、複数社に任せてもいいのが、③一般媒介契約です。①専属専任媒介契約と②専任媒介契約では、自己

図表10　媒介契約の種類

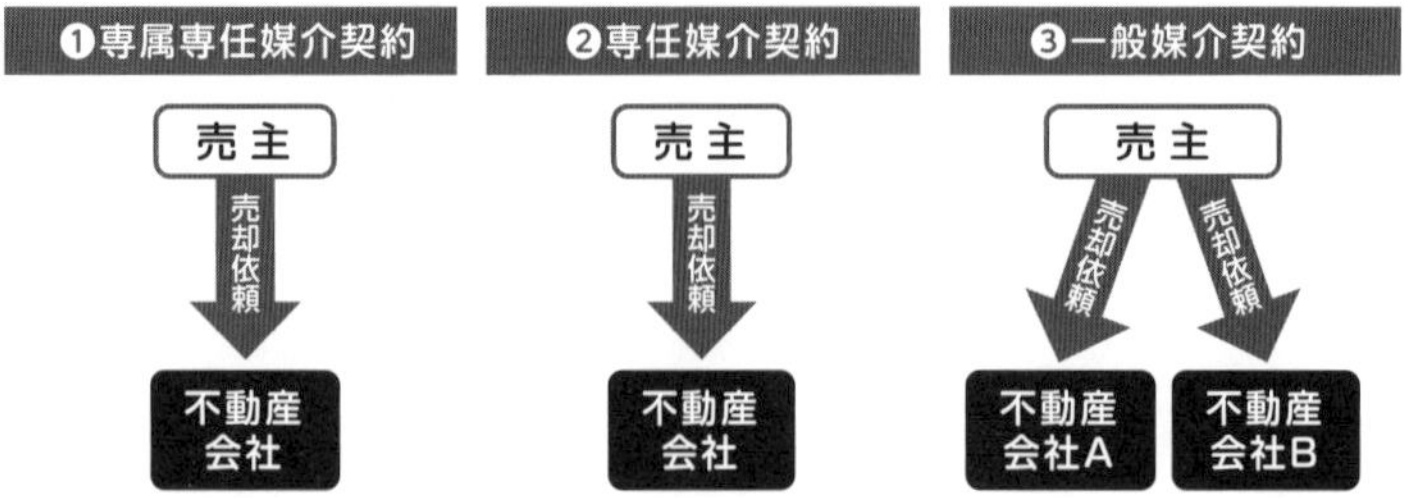

❶ 依頼できるのは1社だけです。売主自らが買主を見つけたときでも、依頼した媒介業者を介して契約しなければなりません。レインズへの義務登録、1週間に1回以上の販売状況の報告義務があります。

❷ 依頼できるのは1社だけで、レインズへの登録義務があるのは専属専任媒介契約と同じです。売主自らが買主を見つけたときは直接契約することもできます。2週間に1回以上の販売状況の報告義務があります。

❸ 複数の業者に依頼することができます。売主自らが買主を見つけたときは、直接契約することができます。レインズへの登録義務はありません。

発見取引（所有者が自分で隣人と交渉し買ってもらうことになった場合など）を禁止しているかどうかに違いがあります。③一般媒介契約は、複数の不動産会社に売却を依頼することができ、レインズ（後述）に登録するかどうかも自由ですし、自由度の高い契約です。

任意売却の場合、住宅金融支援機構のように窓口を1社に絞るために、①専属専任媒介契約か、②専任媒介契約にするよう指定のある場合もあります。しかし、そのほかの債権者は、媒介契約の種類に特に指定がない場合がほとんどです。

私は、所有者である売主に自由度の高い、③一般媒介契約が適切であると考えているため、9割程度は一般媒介契約をお勧めしています。

1社に絞るかどうかは所有者が決めることであり、不動産会社がそれを1社に絞るようお願いするのは自信のなさの現れで、二流の営業マンの仕事であると私は考えています。他社にはできない汗をかき、知恵を回し、誠実に行動し、売主に信頼していただくことに媒介契約の真髄があり、媒介契約の書面上の形式には価値はありません。心と心を結ぶ媒介契約を締結することに意味があるのです。

・販売活動

販売価格について債権者の合意が得られたら、いよいよ販売活動を開始します。

販売活動の中心は、レインズという「市場」に登録を行うことです。レインズ（ＲＥＩＮＳ）とは「Real Estate Information Network System（不動産流通標準情報システム）」の頭文字をつなげた略語で、国土交通大臣から指定を受け、不動産流通機構により運営されるネットワークシステムです。端的にいうと、不動産会社だけが見ることができる不動産取引のためのサイトです。レインズに物件情報を登録すれば、全国の不動産会社で共有され、見込み客を抱える別の不動産会社がウェブサイトやチラシなどで宣伝してくれるので、効率的に販売活動を行うことができるのです。

図表11　レインズを介した販売活動

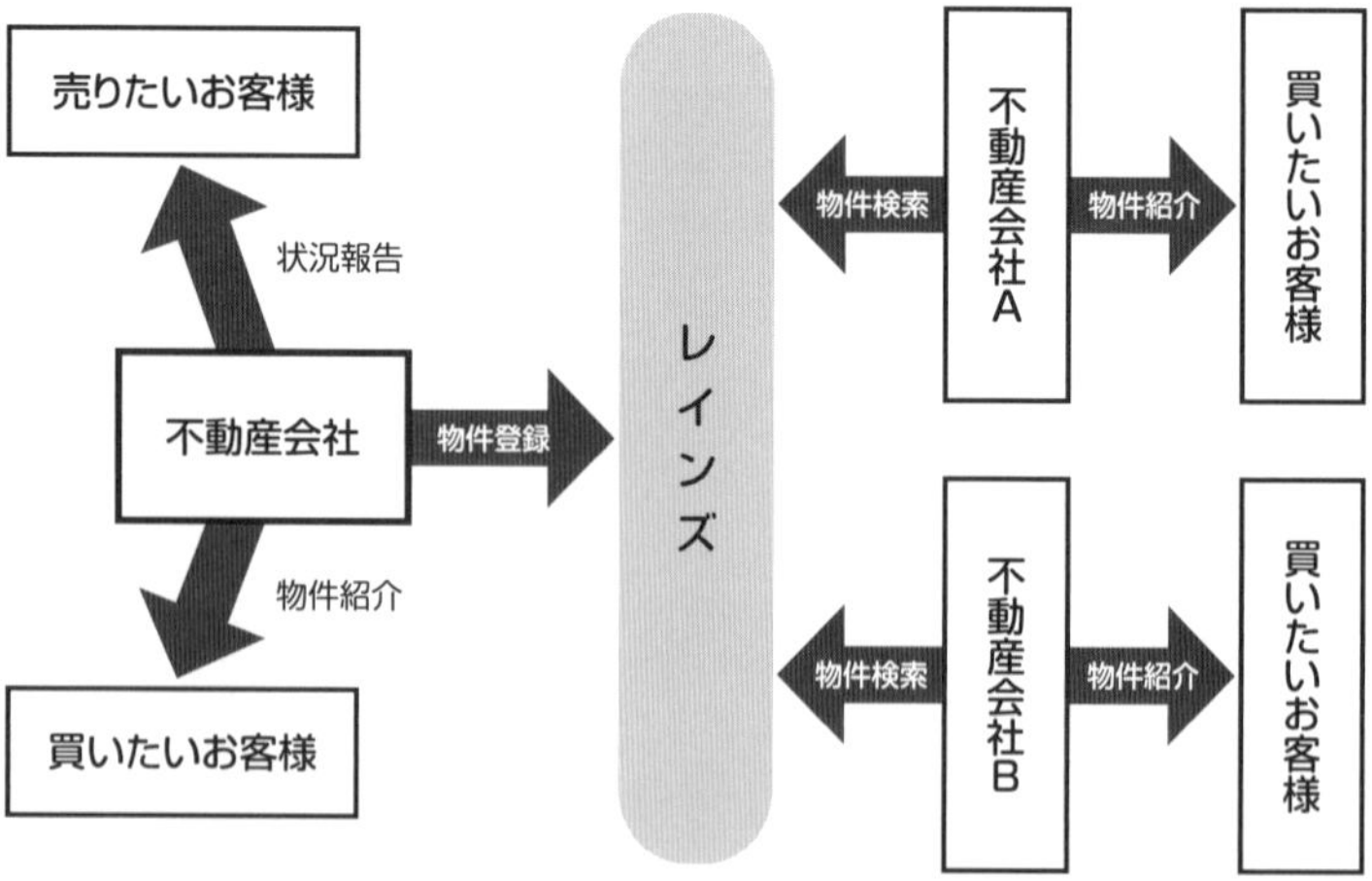

もちろん、自前のサイトやＳＵＵＭＯ、アットホームといったポータルサイトなどに登録したり、空き家になっている場合にはオープンハウス等を実施したりして、販売活動をします。販売活動は一般売却と大きく異なることはありません。

・内覧・買付証明書

買いたいお客様がご自宅を内覧し、気に入っていただければ、買付証明書といわれる購入の申込みが入ります。この点も、通常の一般売却と何一つ変わりがありません。

・配分案の作成・債権者の同意

購入者が決まれば、売却金額を基に「配分

案」を作成します。任意売却では、販売価格と並び、作成した配分案に債権者の同意を得ることがいちばん重要な作業になります。

配分案とは、各債権者に対し、売却代金からいくら支払うかを表にまとめたものです。例えば、２０００万円で自宅を売却する場合、不動産会社に支払う仲介手数料72万６０００円、抵当権抹消登記を行う司法書士の報酬３万円、引越代20万円、固定資産税の差押えの解除費用30万円、残りの１８７４万４０００円を住宅ローンの融資先の銀行に支払うという計画案を立てて、銀行や市役所の承諾を得たうえで任意売却を行うのです。配分案は不動産会社が作成するのですが、任意売却の経験がない不動産会社では配分案を作成することができません。何にどのような金額が分配されるのか、まるで分かっていないからです。

自宅に抵当権が複数設定されている場合

住宅ローンだけでなく、事業資金などの借入で自宅に複数抵当権が設定されているケースでは、すべての抵当権を抹消する必要があることから、抵当権を有する債権者すべてに承認を得ることになります。

図表12　不動産任意処分配分案のひな形

令和●年●月●日

不動産任意処分配分案

【登記名義人】

●●　●●　　　様

【対象物件】

●●市●●丁目●番地●号土地建物

売却金額	20,000,000円

令和●年●月●日決済予定

控除費目	金額(円)	備考
●●信用株式会社	18,744,000	
引越代	200,000	
固定資産税滞納金	300,000	未納税額222,600円
司法書士費用	30,000	見積書参照
仲介手数料	726,000	(３％＋６万円)×1.1(消費税)
合計	20,000,000	

(検算) 20,000,000

【備考】

●●不動産株式会社

●●　●●

TEL　××-××××-××××

Fax　××-××××-××××

抵当権は設定された年月日が古い順から「1番抵当権」「2番抵当権」「3番抵当権」と数字が昇順していきます。自宅を売却した場合、1番抵当権から順に返済を受けることになります。つまり、1番抵当権が最優先されるのです。

任意売却では、住宅ローンの残金が売却代金を上回ることから、1番抵当権を設定した住宅ローン債権者に返済されると、後順位抵当権者（2番抵当権者、3番抵当権者など）は、1円も返済を受けることができなくなります。これでは抵当権の抹消に同意などしてくれるはずもありません。そこで、返済が受けられない後順位抵当権者に対しては、1番抵当権が受ける返済金から、抵当権を抹消してもらう費用（担保解除費用）を支払うのが一般的です。これがいわゆる「ハンコ代」と呼ばれるものです。ハンコ代については、住宅金融支援機構が次のような目安を設けています。

2番抵当権……30万円または残金の1割のいずれか低いほう
3番抵当権……20万円または残金の1割のいずれか低いほう
4番抵当権……10万円または残金の1割のいずれか低いほう

住宅金融支援機構以外の債権者については、ハンコ代は10万〜50万円が相場と考えられています。

後順位抵当権者からすると、競売になれば1円も回収することができないので、ハンコ代でも、もらえるなら任意売却に協力したほうが得だといえます。ですが、配分を間違えると後順位抵当権者の承諾が得られず、任意売却が成立しなくなる危険性がありますので、特に慎重に交渉を進めていく必要があります。

配分案の良し悪しがすべてを決める

配分案は、任意売却を主導する不動産会社のいちばんの力の見せ所といっても過言ではありません。引越代の交渉も、配分案に計上することにより認められるかどうか決定されます。複雑になればなるほど、論理力・経験・交渉力が求められます。

例えば、固定資産税の滞納による差押えがあり、抵当権者との話し合いが必要な場合などです。固定資産税も、人によっては１００万円以上滞納していることもあり、延滞税もかなりかかってきます。しかし、固定資産税の滞納額全額が認められることは非常に少ないです。なぜなら、本来は抵当権のほうが優先され、競売になると1円も固定資産税は支払われることはあり得ないのに、全額拠出されると抵当権者の取り分を少なくしてしまい、抵当権者の利益を害するからです。それなら、競売を実施したほうがましです。額にもよりますが、固定資産税の配分案での拠出が認められるのは、通常30万円程度までです。

しかし、市民のことを考えていない市区町村（関西では神戸市や東大阪市など）は、固定資産税の全額を回収しなければ差押えを解除しないといってくることがあります。そうなると、任意売却が頓挫してしまいます。このようなことのないように、細心の注意を払いながら配分案を作成し、利害関係者の調整を図ることこそ、我々の仕事といえます。

・引っ越し・決済

債権者全員から同意が得られたら、最終取引に入ります。司法書士の立ち会いのもと、売主と買主が対面し、代金の支払いと物件の引き渡しが行われます。これを「決済」といいます。決済では、買主から受け取った売却代金を配分表に従って各債権者に分配し、抵当権を抹消するための必要な書類を交付してもらうとともに、売主から買主へ所有権を移転する登記手続きも行われます。決済が終われば、任意売却も終了となります。

さて、引っ越しですが、原則として決済前に済ませておく必要があります。引越代を売却代金から出してもらえる場合は、いったん引越費用を立て替えておいて、決済時に支払ってもらうことになります。

任意売却解決事例

事例❶ 役所が差押えをしてきた

Aさん〈交野市在住／職業：会社員／年齢：50代〉

○不動産……マンション
○住宅ローンの残額……1780万円
○家族……息子2人と3人暮らし

リストラにより収入がなくなり、消費者金融からの借入もあったため、住宅ローンの返済ができなくなったAさんが私に相談に来られたのは、すでに住宅ローンを滞納してから6カ月経過したあとでした。幸いなことに競売はまだ申し立てられてはおらず、金融機関の担当者とも以前から顔見知りだったので、任意売却で進めることで合意が得られました。そして買い手も見つかり、無事、売買契約も終わって、1週間後に決済を控えたある日、市役所が差押えを行ってきたのです。Aさんには、2年分の固定資産税の滞納がありました。金額にすると30万円程度だったので、事前にAさんから役所には自宅を売った代金で支払うことを連絡していました。にもかかわらず、役所は差押えを行ってきたのです。当然、1週間後に控えた決済はできず、すべてが振り出しに戻りました。

この差押えは「無益な差押え」（92ページQ＆A参照）に当たるので、役所に解除するように何度も本人と一緒に掛け合いましたが、なしのつぶてでした。やっと連絡があったかと思うと、延滞税も含めて、1円単位まで売買代金から支払うように求めてきたのです。しかも、配分案に滞納税の支払項目を設けることも要求されました。そこで配分案を練り直し、売却代金から捻出する予定だったAさんの引越費用20万円と、Aさん自身が引っ越しのために取っておいた10万円を支払うことで、なんとか差押えを解除してもらえることになりました。役所が無益な差押えを行ってきたことで、決済日の変更だけでなく、配分案も変更せざるを得ず、住宅ローン債権者側の稟議のやり直しをするなど、余計な手間がかかってしまったのです。

Aさんのケースでは買主さんが事情をくんで、決済日の延期を了承してくれたので、任意売却そのものが不成立になることはなかったのですが、最悪のケースでは決済日が延期になることで任意売却が不成立になることもあるのです。しかもAさんの場合、事前に役所に滞納税の支払いの連絡をしていたにもかかわらず差押えが行われたので、役所の対応はかなり悪質といえます。税金の滞納がある場合は、任意売却が難航する危険性があることを念頭に置く必要があります。ちなみに決済の日に、役所の固定資産税課の担当者2人がやってきたのですが、決済中、一人は携帯で動画を見ており、もう一人は居眠りしていました。その姿を見て、怒りを覚えました。

事例❷ 競売開札日の14日前のスピード解決

Bさん〈東大阪市在住／職業：塗装工（自営業）／年齢：50代〉

○不動産……中古戸建　○住宅ローンの残額……2300万円
○家族………離婚して一人

Bさんから問い合わせがあったのは、競売開札日の14日前でした。

「今日中にまとめれば間に合う」と直感的に思ってすぐにアポイントを取り、Bさんのご自宅にうかがいました。引っ越しの手続きをする必要もあったので、引越業者さんと、東大阪市に詳しい不動産買取業者さんにも同行してもらいました。

また、Bさんとのアポイントの前に債権回収会社（債権者）に連絡し、開札前日に決済する旨を先に伝えておきました。債権回収会社の担当者はよく知った人だったので、話はスムーズに進み、金額や配分案をまとめるよりも、抵当権の抹消に2週間はかかるので、そちらを先に準備するようにお願いしました。

ＢＩＴで競売の評価書も出ていたので、応諾金額が大体分かっており、１８００万円程度なら売却できると初めから見えていました。同行の業者さんも２０００万円までいけるという手応えを得ていました。

その後、査定書・媒介契約書・配分案・引っ越しの見積もりを提出し、稟議を得られました。債権回収会社の担当者からは「あと1日遅ければ無理でしたね」と言われました。

引っ越しが1日だけ間に合わなかったので、庭に引っ越しの荷物を1日置いておくことになりましたが、引越代も拠出されたうえ、その翌日無事に引っ越されました。

事例❸ 「離婚」により不動産を任意売却せざるを得なくなった

Cさん〈寝屋川市在住／職業：会社員／年齢：50代〉

○不動産……………中古戸建
○住宅ローンの残額……２３００万円程度
○固定資産税の滞納……35万円程度（差押えあり）
○実勢価格……………１３００万円程度

Ｃさんは自分の名義で、単独で住宅ローンを組んで返済されていました。しかし、離婚により夫が自宅から出ていったため、Ｃさんの収入だけでは、毎月11万円の住宅ローンを支払えなくなりました。固定資産税の滞納が3カ月あったため差し押さえられてしまい、「住宅ローン滞納問題相談室」にご相談に来られました。

Ｃさんの夫は自営業で住宅ローンが組めなかったため、妻であるＣさん名義で住宅ローンを組んだ経緯があり、「夫が主導して購入したのに……」という憤りがありました。もっとも、夫は離婚してしまうと、保証人でもなければ住宅ローンについてはなんの関係もない人となってしまいます。任意売却しても１０００万円以上住宅ローンが残ってしまうオーバーローンであることが分かりました。

お子さまがいらっしゃいましたが、夫が購入を進めた自宅には愛着がなく、そのまま住み続けることを希望されていませんでしたので、通常の任意売却をし、その後、自己破産して再スタートすることを勧めました。引越代と新しい住まいの賃料を支払い、そのうえ、住んでもいない家の住宅ローンを支払い続けることはできないと判断されました。任意売却の手続きを進め、無事、１４００万円で債権者の応諾も得られました。

固定資産税の滞納による差押えがありましたが、債権者と交渉し、30万円で差押えを解除してもらうことで合意が取れ、無事に決済をすることができました。

事例④ 「不動産投資失敗」により自宅を任意売却せざるを得なくなった

Dさん〈大阪市在住／職業：会社員／年齢：30代〉

○不動産……タワーマンション　○他債務……不動産投資失敗による債務３０００万円程度
○住宅ローンの残額……６０００万円程度　○実勢価格…７０００万円程度

Dさんは、投資物件の失敗により投資物件の任意売却を他社でされたあと、ご相談に来られました。

兵庫・大阪・京都にワンルームマンション5部屋を所有されていましたが、いずれも利回りの非常に悪い「負動産」であり、投資不動産会社に騙される形で購入されていました。ワンルームマンションは空室になる頻度が高く、そのたびに貯金から手出しでローンを返済されていましたが、ついに貯金も底を突き、投資物件のマイナスを補えなくなりました。そこで、投資物件をすべて任意売却することにしたようです。

しかし、自宅のタワーマンションは人気マンションで購入時より値上がりしており、オーバーローンではなく売却すれば余剰金が出る状況でした。そこに目を付けた、ワンルームマンションで抵当権を設定していた債権者が「差押え」を申し立ててきたのです。5部屋の債権者は別々の方でしたので、他の債権者も「参加差押え」をしてきました。自宅マンションについては、住宅ローンを滞納することなく支払っていましたが、住宅ローンの債権者から売却して返済するように迫られていたようです。

寝耳に水で困り果てたDさんは、奥さまにもまったく事情を説明せず、慌てて相談に来られました。不動産投資に失敗し任意売却になったとしても自宅は滞納もないため、「自宅だけはなんとかなる」と思っていたようです。しかし、債権者が多く差押えをしてきたため、すでにどうしようもない状況となっていました。

７２００万円で任意売却し、返済できない債務が２０００万円程度残りましたので、自己破産する選択をされました。

まだ小さいお子さまがおり、タワーマンションへの愛着がありましたが、リースバック・親子間売買などの方策も取れなかったため、賃貸マンションに引っ越されました。

有名企業にお勤めで、収入も安定されていましたが、不動産投資にはまり、不動産会社に言われるままワンルームマンションを買い足していった末の自己破産となってしまいました。

任意売却 Q&A

Q 税金を滞納してしまい、自宅が差し押さえられています。こんな場合でも任意売却はできますか？

A 市区町村が差押えの解除に応じてくれるなら、任意売却は可能ですが、差押えの解除に応じない強硬な市区町村もありますので、この場合は、任意売却をすることは難しくなります。ただ、住宅ローンを担保するために抵当権が設定されている自宅を差し押さえる行為は「無益な差押え」に該当する可能性が高いです。無益な差押えとは、滞納している税金を回収する見込みがない財産を差し押さえることで、国税徴収法48条で禁止されています。このような財産を差押え・換価しても、滞納税の回収にはなんの役にも立ちませんから、無益な差押えと呼ばれているのです。

例えば、住宅ローン債権者のために1番抵当権が設定されている場合、自宅の売却代金は1番抵当権者である住宅ローン債権者に優先的に返済されるので、市区町村が差押えを行っても、滞納税を回収することはできません。そのため、役所が差押えを行っても、「無益な差押え」になるので解除を要求できるのです。

ただし、頑なに解除に応じない市区町村も存在します。関西でいえば、東大阪市・神戸市・交野市などは特に態度が硬直的で、無益な差押えであってもすんなりとは解除してくれないのです。この場合、取消しを求めて不服申立てを行ったり、取消訴訟を提起したりすることもできますが、不服申立ては差押えを知った日の翌日から60日以内に行わなければならなかったり、また取消訴訟についても原則として不服申立てを先に行うことが要件とされているため、競売が差し迫った状況下でこのような手続きを行うことは時間的に無理があります。

そのため、差押えの解除を求めて粘り強く交渉をしていくことになりますが、役所が硬直的な態度を取り続けているとタイムオーバーとなって競売にかけられるケースも少なくありません。税金を滞納している場合は、そのまま放置せず、差し押さえられる前に、役所に分納を認めてもらえるよう相談するのが得策です。

＊無益な差押えをし続ける市区町村は「競売では思いがけない高値がつくかもしれない」「税金は免責されないし、自己破産しても支払い続けるものだから優先されるべきだ」などと主張することが多いです。しかし、その結果、競売になってしまい低額で落札されても、市区町村は責任を取ることはありません。
また、自己破産をしても免責されないことは確かですが、任意売却でハンコ代として30万円でも回収できれば、全額でなくとも市区町村として税の回収ができています。免責されないといっても、ない袖は振れない状況で払えというのは無理な取り立てをしているだけで、市民全体の利益を見て行動していない公務員の行動といわざるを得ません。このような柔軟性のない市区町村により任意売却ができなかった方は大勢いらっしゃいます。

Q 連帯保証人がいる場合、任意売却をすると連帯保証人に迷惑がかかりますか？

A

任意売却とは、売却代金が住宅ローンの残金を下回る場合の売却方法なので、任意売却後にはどうしても借金が残ってしまいます。住宅ローンの借主（主債務者）が、住宅ローンの残金を滞りなく返済していれば問題はありませんが、返済が滞っていれば、連帯保証人が代わって返済しなければなりません。主債務者が任意売却後に自己破産をした場合等にも、連帯保証人に支払義務がありますので、迷惑がかかることになります。

任意売却をする場合は、事前に連帯保証人に話をしておく必要があります。

Q

離婚して、別れた夫と共有名義の自宅に住んでいますが、離婚時に夫が住宅ローンの支払いをすることで合意したにもかかわらず、支払いが滞り、私のもとに督促がきました。私が支払うことはできないので、自宅の売却を検討していますが、任意売却をすることはできますか？

A

自宅が共有名義の場合、共有者である離婚した元夫が売却を承諾しなければ、自宅を売却することはできません。任意売却をする前に、まずは元夫に任意売却の了承を得ておく必要があります。もっとも、自宅が夫婦共有名義ならば、住宅ローンも夫婦共同で組んでいると思います。夫婦共同の住宅ローンには、夫婦の収入を合算して一つの住宅ローンを組み、夫（もしくは妻）が主債務者、妻（もしくは夫）が連帯保証人になる場合と、夫婦双方が主債務者となって二つの住宅ローンを組む場合（ペアローン）があります。

今回のケースでは、前者の「夫が主債務者、妻が連帯保証人」になっていると思われます。

夫婦共同で住宅ローンを組んでいる場合、離婚をしたとしても、融資先の金融機関が認めない限り、住宅ローンの連帯保証人から外れることはできません。たとえ、離婚後は夫が住宅ローンの返済を続けていくと夫婦で取り決めをしたとしても、融資先の金融機関には関係のないことなのです。早急に元夫と連絡を取り、任意売却に了承してもらうことが必要です。

Q 競売開始決定の通知が届きました。今からでも任意売却をすることはできますか？

A 86ページの事例2にあるとおり、競売が開始されても開札期日の前日までなら、任意売却を行うことは可能ですが、期日ギリギリとなると、競売の取り下げに応じてくれない債権者もいますので、理想は1カ月前までに任意売却の相談をすることです。任意売却にはさまざまな手続きがあるので、少なくとも3カ月程度の期間は必要です。

任意売却の不動産会社はどのように選定するか？

パートナー選びの極意

1．大手不動産会社

大手の不動産会社では、任意売却に対応できない場合がほとんどです。なぜなら、大手不動産会社は一般売却を得意としており、手間と時間がかかる任意売却を好まないからです。また、トラブルに巻き込まれるのを嫌いますので、任意売却に及び腰な場合がほとんどです。

2．地元不動産会社

管理・賃貸・売買など、不動産一般をうたっている地元不動産会社というのは、ほとんどが管理と賃貸がメインで、そこから派生して売買仲介をする程度ですので、任意売却を得意としている業者はほぼありません。

3．任意売却専門会社

インターネットで検索すると、本当にたくさんの「任意売却専門」とうたった社団法人や不動産会社があります。

そのような会社でも、能力のない集団やお金儲けのことばかり考えているところもありますので、そういった業者を見分けるポイントをご紹介します。

①「引越代を絶対に勝ち取る」や「１００万円保証する」は嘘

任意売却をすれば必ず引越代がもらえるわけではありません。引越代はあくまでも債権者から承諾してもらえた場合に、売却代金から相当額を捻出するもので、頼みに頼み込んで債権者からお許しを得て勝ち取るものです。ですので、１００％もらえるものではありません。ところが、絶対に勝ち取りますと甘い言葉を言う不動産業者は後を絶ちません。

金額については、債権者によりますが、10万～30万円程度です。最近は、昔に比べて引越代を出してくれなくなっています。引越代まで出すなら、競売したほうがましだと考えるようになったのだと思います。

②競売になり、ＤＭや戸別訪問に来る不動産業者は100%悪徳業者

競売の公告を見て、不動産会社が突然家を訪ねてくることはよくあります。担当者の一人と話していたら、気が付くと5人ぐらい玄関に並んでいたという相談者の方もいました。そんな不動産会社は１００％まともではありません。仲介手数料がほしくて、ハイエナのように鼻息荒く、我先にと来ているに過ぎません。困っている方に寄り添う気持ちはゼロです。

③「裏で工作して、お金を還流する」などと言う

「裏で工作して、お金を還流します」「うちに任せたら、買い取ったあと元に戻して手元にいくらか残しますよ」と平気で提案してくる不動産業者もいます。ここまでいけば犯罪です。また、それに乗じて、さまざまな名目で手数料を要求してくる業者が存在しますが、事前に手数料を取ることは完全にＮＧ行為であるため、その業者は間違いなく詐欺師です。

　不動産業者との契約書や見積書のなかに「任意売却促進負担金」「販売活動費」「広告費」「相談料」「顧問料」「カウンセリング料」「コンサルティング料」等の言葉が書かれていれば、それは間違いなく悪徳業者です。

④専属専任・専任媒介契約を求めてくる

住宅金融支援機構のように、窓口を1社に絞るために、専属専任媒介契約か専任媒介契約にするように求めてくる債権者もいます。しかし、媒介契約の種類を問わない債権者が多数です。

媒介契約書は売主から売却の依頼を受ける大切な書面ですが、心の通っていない媒介契約書はただの紙切れです。媒介契約は期限内であろうともいつでも解約可能ですので、納得のいかない媒介契約は、解約通知を出して、解約しましょう。

また、相談に行った初日に「今ご決断をしてください」と媒介契約書の署名を求める業者も悪徳業者で間違いありません。そのような業者は、会社から媒介契約締結のノルマを営業マンに課して「媒介契約取得を目標」「媒介契約80％達成」などと競争をさせているのです。媒介契約を獲得できない社員を恫喝する任意売却業者は後を絶ちません。

そもそも、媒介契約は売却価格が決定していなければ締結できません。しかし、任意売却の場合、債権者との売出価格の交渉があるため、依頼者との相談段階では、売却価格を決定できないのがほとんどです。それでも、即日、金額は空欄のままで媒介契約を締結しようとするのは悪徳業者の証です。

⑤弁護士の紹介がワンストップで可能かどうか

任意売却は万能な解決方法ではありません。売却後に住宅ローンが残ってしまう手続きです。したがって、その後の法的な手続きが重要となります。その手続きを行うのが弁護士です。その際に、適切に不動産の任意売却ができていなければ、弁護士は裁判所に報告することができません。したがって、互いに信頼のおける不動産会社と弁護士とのつながりが非常に大切です。そのような弁護士を紹介でき、ワンストップで生活再建に向けて努力できる会社かどうかが重要となります。

「弁護士は知りません」や、「任意売却後の手続きは自分でしてくださいね」というスタンスの会社に任せてはいけません。担当者に弁護士の名前を複数挙げてもらったり、自己破産の手続きを軽く説明してほしいと質問したりすると、しどろもどろになる営業マンは偽物です。

⑥気持ちがいちばん重要

「生活再建」や「人生のリスタート」のためにという気持ちを持っているかどうかを見極めるようにしてください。どのような気持ちで任意売却をしようとしているのか、それがいちばん重要です。私は常々、「心は温かく仕事は淡々とする」と言い続けています。相談に来られるのは、切羽詰まった方がほとんどです。ですから、寄り添い、任意売却や住み続ける方法を模索し弁護士を紹介するなど、淡々と仕事をしつつ、本当に生活の再建になる方法は何かを見極めアドバイスします。どんなことでも魂を込めて説明しますし、個人再生など、任意売却以外の方法があるならば率先して勧めます。担当者が熱い気持ちを持っているかどうか、担当者の目を見て見極めてください。自分がピンチで自暴自棄になっているときに寄り添ってくれるかどうか、それがいちばん大切だと思います。

服装が派手だったり、投げやりな言い方であったり、任意売却しかないの一点張りだったり、そのような担当者ではお話になりません。即刻、別の業者を探しましょう。

第4章

住宅ローンが支払えなくても、自宅に住み続けられる方法

住み続ける可能性を諦めない

印象的なご相談者の方がいらっしゃいました。シングルマザーでお嬢さんと2人でお暮らしでしたが、ブラック企業にお勤めで心も身体もボロボロで退職し、私のもとに来られました。アルバイトで日々の生活費をつなぐものの、自宅マンションの住宅ローンを支払えなくなり、悲愴な顔で相談に来られました。小学生の娘のために、どうしてもこの家だけには住み続けたいというご要望でした。ほかの債務も多く、８００万円ほど住宅ローンが残る可能性がありました。その方は、任意売却→リースバック→自己破産という３つの手続きを経て、現在も自宅のマンションに住み続けられております。今では元気になられ、お嬢さんも中学校に上がられました。

この方のように「住み続ける」ことを諦めない方法もあります。

1．住宅ローン特則付きの個人再生

住宅ローンはそのまま支払い続け、その他の借入を圧縮する方法です。この方法なら、

住宅ローンはこれまでどおり支払い続け、もちろんそのまま居住することができます。個人再生が利用できるのであれば、任意売却をする必要はなく問題を解決できます。

2. 親族間売買

次の方法は、親族間売買です。文字どおり、配偶者・子ども・親戚などに取得してもらう方法です。この方法には、①住宅ローンを完済できる金額での親族間売買「非オーバーローン型」と②住宅ローンを完済できない金額での親族間売買「オーバーローン型」と2つあります。①であれば住宅ローンを貯金ではそろそろ払えなくなるぞというときに、任意売却にならずかつ他人に売却せずとも親子間売買により住み続けることができます。②はオーバーローンになってしまうので、任意売却の手続きを進め、債権者の承認を得た金額で親族間売買を行います。

3. リースバック

3つ目は、不動産会社・金融会社・投資家などに自宅を売却し、買主から自宅を賃貸する方法で、リースバックといいます。所有権を移転してしまうので、「自分のもの」ではなくなってしまいますが、賃料を支払って住み続けることができます。

親子間売買と同様に、①住宅ローンを完済できる金額（非オーバーローン型）でのリースバックと②住宅ローンを完済できない金額（オーバーローン型）でのリースバックと2つあります。

自宅を売却することに変わりはありませんが、売却後に自宅を引き払わなくてはならない単純な任意売却とは異なり、リースバックでは賃借することで住み続けることができます。

住宅ローンが支払えなくても自宅に住み続けられる方法として、親子間売買とリースバックがあります。

親子間売買とは

住宅ローンが残った自宅を、子どもや兄弟、叔父叔母、姪甥などに売却することを親族間売買といい、そのうち親と子の間で売買する場合を親子間売買といいます。単に、親子間、親族間で不動産を売買するだけでなく、売却後も元の所有者が自宅に住み続けることができる方法です。

図表13　リースバックと親子間売買

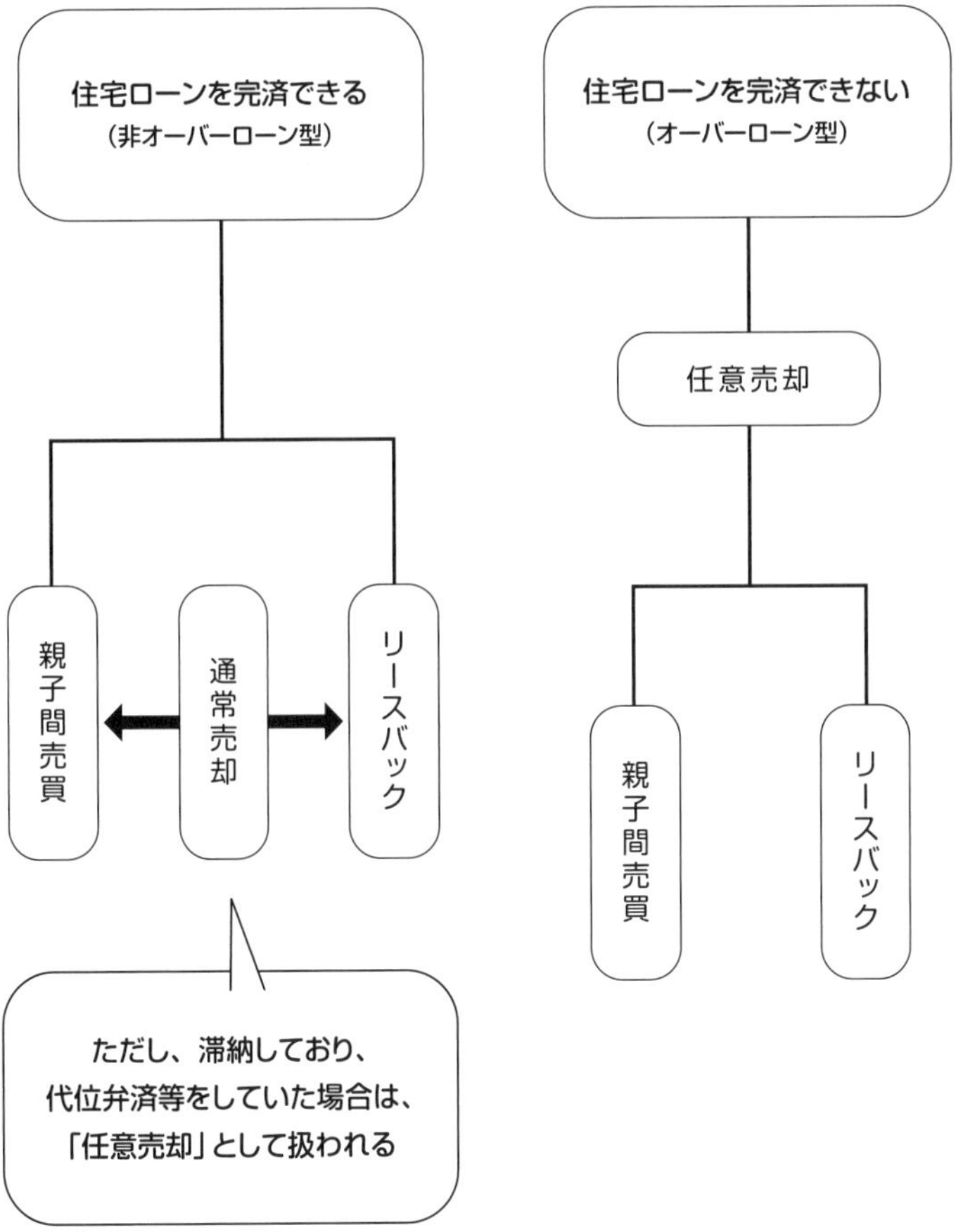

下図は親子間売買の仕組みを図式化したものです。

①売買契約

まず、自宅の所有者である親（子）から子（親）が自宅を買い受けるために「売買契約」を結び、親から子へ自宅の名義を変更（所有権を移転）するとともに、子は親に対し売却代金を支払います。

②住宅ローンの残金を完済　③抵当権抹消

「非オーバーローン型」では、売却代金を受け取った親は、融資先の金融機関に住宅ローンの残金を一括で返済します。

これで住宅ローンは完済しますので、自

図表14　親子間売買における賃貸契約の仕組み例

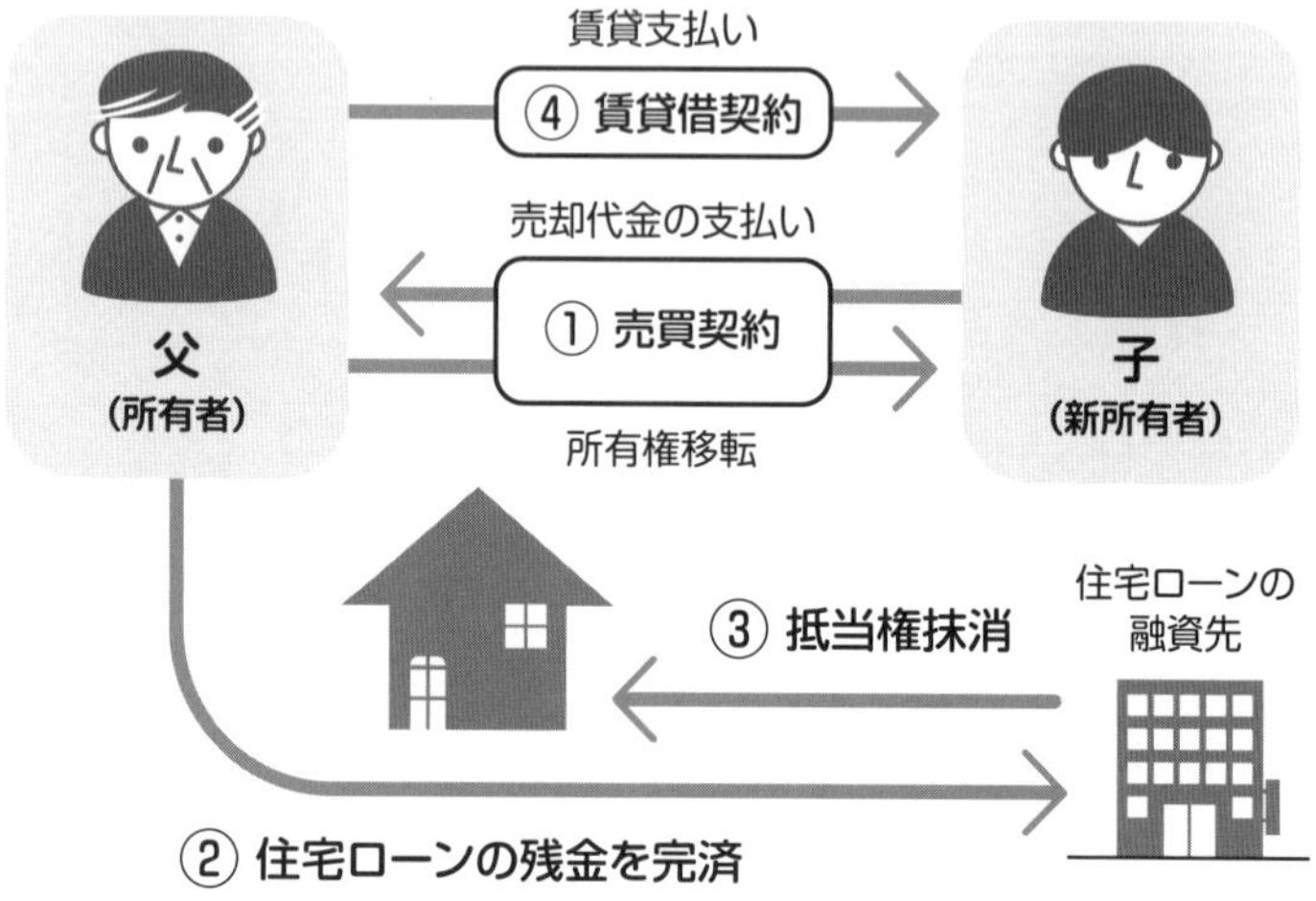

宅に設定された抵当権を抹消してもらいます。「オーバーローン型」では任意売却し、債権者の応諾が得られる金額で抵当権を抹消してもらいます。この場合、元所有者には住宅ローンの残額が残ります。

④賃貸借契約（または使用貸借契約）

親は子に売却した自宅を有償（賃貸借）または無償（使用貸借）で利用することで、売却後も自宅に住み続けることができます。このとき、自宅を借り受ける対価として親から子へ賃料を支払う場合は賃貸借契約を結び、無償で借りる場合は使用貸借契約を結びます。

親子間売買の問題点

非オーバーローン型で住宅ローンの残った自宅を親子間で売買する場合、住宅ローンの残金を一括して支払い、住宅ローンを完済する必要があります。というのも、住宅ローンの契約では、返済途中で勝手に所有者を変更することは一般的に禁止されており、これに違反すると期限の利益を喪失し残金を一括で請求されたり、最悪のケースでは競売が申し立てられたりするなどのペナルティが科せられるからです。金融機関の承諾があれば、返済途中での所有者の変更は可能ですが、金融機関は容易には承諾してくれません。そのため、親子間に限らず、住宅ローンの残った自宅を売却するには、住宅ローンを完済する必要があるというわけです。

自宅を購入する子に金銭的な余裕があり、住宅ローンの残金を一括で返済できるだけの購入代金を現金で支払うことができるなら問題はありませんが、現金で用意できない場合は、子が新たに住宅ローンを組む必要があります。

この場合、子が住宅ローンを組んで、融資を受けたお金を、親の住宅ローンの残金の返済に充てることになります。子は新たに融資された住宅ローンの返済を続け、親は子に賃料を支払って、あるいは無償で自宅に住み続けることになります。

つまり、親子間売買は子が親の借金を肩代わりすることで、住み慣れた我が家を失うことなく、住宅ローン破綻を回避することができるのです。実際、住宅ローンの返済に行き詰まり自宅を売らなければならない状況にあっても、愛着のある我が家に住み続けることができる親子間売買を希望する方は多くいます。

借金を肩代わりすることに子どもが納得し、親も子の厚意を受け入れ、親子双方が自宅を守ることで意見が一致すれば、親子間売買をすることで住宅ローン問題を解決できそうにも思いますが、そう簡単には事は進みません。子どもが自宅の購入資金に充てるため、新たに住宅ローンの申込みをしても、ほとんどの金融機関は親子間売買では住宅ローンを通してくれないからです。住宅ローンが通らなければ、親の住宅ローンを完済させることはできませんので、親から子が自宅を買い取ることができません。

　親の住宅ローンを完済せずに親から子へ自宅の所有者を変更すると、親が借りている住宅ローンの契約違反となり、住宅ローンの残金を一括で請求され、支払えなければ競売にかけられ、家を失うという最悪の結末を迎えかねません。

　読者の方のなかには、「親子間売買は難しい」という話を聞かれた方もいるかと思いますが、実際に親子間売買は任意売却のなかで最も難易度が高く、成功率が低いとされている方法です。そして、親子間売買の成功率を下げる最大の要因が「住宅ローンが通らない」「住宅ローンが極めて通りにくい」ということにあるのです。

　では、なぜ親子間売買では住宅ローンは通らないのでしょうか。

金融機関が親子間売買を嫌う理由

金融機関は親子間売買を原則「贈与」だと思うから、というのが大きな理由です。親子間で自宅を売買しなくても、親が亡くなれば、いずれ子が自宅を相続することになります。つまり、親から子が自宅を取得するには「相続」や「贈与」といった方法が採られるのが一般的なのに、あえて「売買」という形をとることに何か別の目的があるのではないかと金融機関は懐疑的になってしまうのです。

それというのも、住宅ローンは事業ローンやカードローン等に比べて、融資額が大きく、非常に安い金利が設定されている金融商品なので、親子間売買を偽装して、住宅購入目的で融資された住宅ローンを、事業資金など別の用途に使用するなど低金利の資金調達手段として悪用されることを危惧しているのです。

また、親子間売買が資金隠しの手段として用いられることも少なくはありません。例えば自宅の所有者である親に、住宅ローン以外の借金があった場合、お金を貸している人(債権者)は貸したお金を返してもらえないときは最終的には財産を差し押さえ、その財産を売却してお金を回収します。このとき、あらかじめ自宅を子どもに売却しておけば親の財産ではなくなるので自宅の差押えを回避できると考えるわけです。しかし、このような差押えを逃れるために財産を他人に譲渡することは、法律上、「詐害行為」と呼ばれ債権者に取消しをする権利を与えています。取り消されれば、親子間での売買は「なかったこと」になるので、子どもに住宅ローンを融資した金融機関は厄介ごとに巻き込まれてしまうことになります。

さらに、子どもが複数いる場合、一人の子どもに自宅を売却することが、その後の遺産トラブルに発展する危険性もあります。

このように親子間売買には、不安要素が多く、トラブルやリスクが伴う恐れがあることから、金融機関は親子間売買では住宅ローンを融資することに躊躇してしまうのです。

実際、メガバンクはいっさい親族間売買での住宅ローンの融資は行っていません。また、90％以上の地銀でも取り扱っていません。

ノウハウのある不動産仲介業者に依頼しなければ、親子間売買では住宅ローンが借りられない

親子間売買には不安要素やリスク材料などが多いことから、不動産仲介業者を介さずに直接銀行に相談に行っても、門前払いされるのが落ちです。しかし、だからといって親子間売買では絶対に住宅ローンが組めないか、といえば必ずしもそうとは言い切れません。数こそ少ないものの地方銀行や信用金庫のなかには、親子間売買の適正さを証明できれば、住宅ローンの融資を行ってくれる金融機関も存在します。要は、親子間売買であっても不正の目的はなく、通常の不動産売買と変わりのない適正な取引であることを分かってもらえれば、融資への道は開かれるわけです。そのためには、不動産仲介業者を通して手続きを進めることが必要となるのです。

不動産の売却や仲介業を行うには、国土交通大臣または都道府県知事から、宅地建物取引業の免許を交付してもらわなければなりません。この「宅地建物取引業の免許」を取得するにはいくつかの厳しい要件をクリアする必要があるため、きちんと免許を受けた仲介

業者が間に入るだけでも、取引の信用性は増すことになります。特に融資金額が高額となる住宅ローンでは、宅地建物取引業の免許を持った仲介業者が関与しない個人間売買では融資をしないという金融機関がほとんどです。親子間売買を成功させたければ、仲介手数料を支払ってでも、免許を受けた不動産仲介業者に手続きを依頼する必要があるというわけです。ただし、いくら免許を持っていても、親子間売買の経験に乏しい仲介業者では、親子間売買を成功させることはできません。

親子間売買で住宅ローンの融資をしてくれる金融機関はほんの一握りです。どこの金融機関が融資してくれるのかを知らなければ、お門違いのメガバンクに融資を依頼してしまい、審査すらされずに断られるのが関の山です。一度でも融資を断られれば、信用情報に審査に落ちたことが分かる情報が登録されてしまいますので、再度、ほかの金融機関に住宅ローンを申し込んでも、審査に落ちた情報がネックとなってさらに審査は通りにくくなってしまいます。そのため、親子間売買に強い、実績のある仲介業者を見つけることが親子間売買を成功へ導く近道といえます。

我々には、保証会社とのパイプがあり、信頼できる親子間売買であれば、融資を実行してもらえる実績があります。例えば、株式会社日本保証と提携契約を締結し、親子間売買の住宅ローンを適切に行うスキームがあります。そのほかの保証会社とも連携することで、不可能に思われがちな親子間売買を可能にしてきました。このように不動産仲介会社の融資の情報とノウハウがすべてであり、解決に導く鍵となっています。

親子間売買に強い業者の見分け方

大手の不動産会社では、親子間売買はほとんど取り扱っていません。大手の不動産会社は、メガバンク等との結び付きが強く、年収や物件の良いものを低金利でより有利に借りるノウハウに長けています。また、地元不動産会社は、親子間売買自体をやったことも聞いたこともなく金融機関とのパイプもないのが通常です。

したがって、必然的に親子間売買やリースバックを専門とする不動産会社に話をする必要があります。ホームページ等で専門とうたっておきながらも、まったくノウハウのない不動産会社もいます。そのような場合に、親子間売買に強い仲介業者であるかどうかを見極めるには、仲介業者に「どの金融機関に融資の申込みをしようと考えていますか」といった質問を投げかけてみるとよいでしょう。即座にいくつかの地方銀行や信用金庫、ノンバンク系の金融機関を挙げ、金利やメリット・デメリットを上げることができれば、親子間売買の実績がある仲介業者といえます。逆に、答えに詰まったり、メガバンクを回答したりしてしまう仲介業者は親子間売買に慣れていない可能性がありますので、依頼を避けたほうが無難です。

住宅ローンが通っても、融資金額によっては、親子間売買は不発に終わる!?

「非オーバーローン型」の場合、無事に住宅ローンの審査に通っても、融資される金額によっては親子間売買ができないことがあります。親子間売買では、売主である親の住宅ローンを完済させる必要があるため、新たに子どもが組む住宅ローンでは、親の住宅ローンを完済させることができるだけの金額を融資してもらわなければならないからです。

例えば、親の住宅ローンの残金が１８００万円残っているケースで、子どもの住宅ローンの審査が通っても、融資金額が１２００万円だと、差額となる６００万円を現金で用意できない限り、親の住宅ローンを完済させることはできませんので、親子間売買を行うことはできません。住宅ローンの融資金額は、売買の対象となる物件（自宅）の価値によって決まります。住宅ローンの残金が１８００万円残っていても、自宅の価値が１２００万円しかなければ、それ以上の額を融資してもらうことはできないのです。親子間売買が失敗するのは、子の住宅ローンが通らないというケースよりも、買主である子の受けられる融資金額が、売主である親の住宅ローンの残金に満たないケースのほうが圧倒的に多いのです。

物件の価値ですが私の経験上、都心部のマンションでは価格が出やすく田舎の戸建てや都心部であっても建築基準法に定められた道路に接道していない物件では価格が出にくいといえます。価格が出にくいとは物件の評価がつかないあるいは評価がついても低い評価しかつかないということで当然、融資される金額も低くなってしまいます。そのため、田舎の戸建てでは親子間売買は成功しにくいので、ほかの方法を検討する必要があります。

※建築基準法に定められた道路に接道していない物件とは

建築基準法という法律では、幅4メートル以上の道路に2メートル以上接道していないと家を建てられないという規定があります。これを接道義務といいますが、この接道義務を満たしていない物件では、現存する建物を取り壊してしまうと、原則として二度と新たに建物を建てることができなくなります。そのため、既存の建物をリフォームして使い続けるしかなく利用が制限されてしまうので、担保価値も低く、このような物件では住宅ローンを融資しない、あるいは融資をしても少額になってしまうのです。

親子間売買のメリット・デメリット

では親子間売買が成功した場合のメリット・デメリットとしてはどのようなものがあるのでしょうか。

【メリット】

- 愛着のある我が家に住み続けることができる。
- 【非オーバーローン型】の場合親の住宅ローンは完済できる。
- 【オーバーローン型】の場合には、任意売却をしても住み続けられるうえに、残債務が減ることになる。

「非オーバーローン型」の場合、親子間売買では、子の住宅ローンで親の住宅ローンを完済し、それ以降は子の住宅ローンを返済することになりますが親よりも若い子が住宅ローンを組みなおすことで返済期間が延びる分毎月の返済額も減るので住宅ローンの返済が楽になります。例えば、親の住宅ローンの返済期間が残り10年間で１８００万円の残金がある場合、利息などを考慮せず単純計算すると毎月の返済額は15万円ですが子が新たに１８００万円の住宅ローンを返済期間30年で組むと毎月の返済額は5万円で済みます（実際はこれに金利がプラスされます）。

「オーバーローン型」の場合では、任意売却により住宅ローンは残りますが後述するように自己破産し免責が認められればすべてなくなります。自己破産しない場合でも、債権者と交渉し月々の支払いが少額になる場合が多いです。

【デメリット】

●将来子どもが住宅ローンを組みにくくなる。

子どもが将来マイホームのために住宅ローンを組もうとしても一度住宅ローンを組んでしまっているのでローンの審査が非常に厳しくなります。いわば、子どもを犠牲にしてまでも自宅に住み続けたいという気持ちが大切な部分です。同居する場合などはデメリットがなくなりますので、極めて有効な方法が親子間売買です。

親子間売買解決事例

事例

Eさん〈大阪府狭山市在住／職業：会社員・元自営業者／年齢：50代〉

○不動産……………中古戸建　　○実勢価格……1100万円

○住宅ローンの残額……1200万円　　○他債務………なし

Eさんは20年前に住宅ローンを35年ローンで組みました。ですが、営んでいた工務店がうまくいかず閉店し、就職し会社員となりました。しかし、50代になっていたこともあり、思ったような収入を得ることができませんでした。貯蓄も底を突き、いよいよ住宅ローンを支払うことができなくなり、私のもとにご相談に来られました。

すでに、住宅ローンを3カ月滞納されており、このままいくと競売か任意売却となり退去しなければならない状況でした。

しかし、障がいのある息子さんを抱えており、環境を変化させたくなく、住み慣れた自宅に住み続けたいとの強いご希望がありました。ハードルは高いが、住み続ける方法として①親子間売買と②リースバックがあること、すでに滞納しており実勢価格から考えて微妙なラインだが、おそらくオーバーローンになってしまうことをお伝えしました。その結果、Ｅさんからお嬢さんに親子間売買することを希望されました。

まずは、今の住宅ローンの債権者と交渉し、売出価格の提示をしてもらいました。そうすると、１０００万円で売却してほしいとの打診がありました。予想どおり、オーバーローンになり任意売却のなかで親子間売買を目指すことになりました。もちろん、お嬢さんが住宅ローンの審査が通らなければ、通常の任意売却となり、他人の手に自宅が渡ってしまいます。

そこで、次に郊外の中古戸建に強い保証会社で、お嬢さんの住宅ローンの審査の申請を行いました。結果的に、物件の評価が低く、８００万円までの融資であれば可能だが、それ以上は融資できないとの回答が返ってきました。

２００万円、諸費用を含めると２５０万円程度の不足額が発生してしまっています。貯金を全部切り崩すと準備できそうだとはいえ、頼みの綱のお金であるため、かなり悩まれているご様子でしたが、祖父母と障がいのあるご兄弟のために親子間売買をすることを決断されました。

最後に、オーバーローンで任意売却になっているため、Ｅさんの債権者であるサービサーと交渉することになりました。ここでいちばん気を付けなければならないことは、債権者に親子間売買するならば、全額返済（１２００万円全額）をしてほしいといわれることです。そうなってしまうと融資額も足りず、貯金をプラスしても前に進めることができなくなってしまいます。債権者に事情を説明し、廉価で購入するわけではない適正価格の売買なので、なんとか稟議を通してほしい旨を説明しました。その結果、債権者の承諾が得られ、無事に親子間売買を成立させることができました。

その後、Ｅさんは自己破産をすることも考えていらっしゃいましたが、息子さんのための保険が多少あること、住宅ローンの残額も２００万円とそこまで多くないことから、債権者と交渉し、１万円ずつですが返済していく道を選択されました。

親子間売買Q&A

Q 親子間売買が成功しやすいケースはありますか？

A 親子間売買は、①買手である子どもの住宅ローンの審査が通ることだけでなく、②審査の通った住宅ローンの融資額が、売手である親の住宅ローンの残金を超えていること、この2つのハードルをクリアして初めて成功します。まず①の住宅ローンの審査に通るかどうかは、住宅ローンを申し込む子についても「年収はいくらか」「勤続年数はどれくらいか」「貯金はあるか」「ほかに借入はないか」「滞納して信用情報に事故情報が載っていないか」等が調査され、融資するかどうかが決定されます。これは、通常の住宅ローンの審査と同じで、子どもに問題があれば当然、審査は通りません。また、売買の対象となる物件の価値も評価されますので、物件の価値が低ければ、子どもの年収が高くても、融資金額は低くなってしまいます。その結果、親の住宅ローンの残金を完済できるだけの融資は受けられず、親子間売買も行うことができなくなります。

親子間売買が成功しやすいケースとは、親子間売買の実績が豊富な不動産会社に仲介に入ってもらい、融資を受ける子どもに問題がなく、かつ何よりも重要なのが「物件の価値が高いこと」という3つの要素がそろっているケースになりますので、任意売却に比べて、親子間売買のハードルは高くなります。

Q 競売を申し立てられていても、親子間売買はできますか？

A 競売を申し立てられていても、落札者が決定される開札期日の前日までであれば、競売を取り下げることができますので、それまでであれば親子間売買も理論上は可能です。ただ、競売が申し立てられているということは、住宅ローンをすでに滞納し、保証会社が代位弁済をしたあとになるので、親子間売買には保証会社の同意が必要となります。

滞納していない「非オーバーローン型」では、子どもの住宅ローンが通れば、融資されたお金で、親の住宅ローンは完済されるので、親の住宅ローンの融資先である金融機関や保証会社の同意は必要ありません。つまり、滞納していないケースでは、子どもの住宅ローンさえ通ってしまえば、親の住宅ローンの債権者が文句を言おうが親子間売買を成立させることはできます。

これに対し、すでに滞納しているケースでは、子どもの住宅ローンが通っても、親の住宅ローンの債権者が反対すれば親子間売買はできないのです。しかも競売が申し立てられている場合は、任意売却には応じても、親子間売買には応じないという保証会社がいます。

例えば住宅ローンの残金が２０００万円残っているが、物件の価値は１５００万円しかない場合、任意売却でも、１５００万円以上で売却することはできませんが、競売にかけるよりも任意売却を進めたほうが、多くのお金を回収できると判断すれば、保証会社も競売を取り下げ、任意売却に協力してくれます。しかし、売却先が子どもというだけで、任意売却と同額の１５００万円支払うといっても、競売の取り下げには応じない意地悪な保証会社がいるのです。「子どもが買うなら全額払え」「全額払えないなら競売は取り下げない」というわけです。このような意地の悪い保証会社に当たった場合は、競売申立て後には親子間売買はできないと考えたほうがよいでしょう。

Q 親子間売買を不動産業者に頼んだ場合の費用を教えてください。

A 一般的な不動産の売却と同じで、宅建業法で定められている上限金額である売却価格の3％プラス6万円になります。住宅ローンあっせんの費用等を請求する会社の場合です。

Q 親子間売買の成功率はどれぐらいですか？

A 親子間売買のハードルは高く、成功率は4割程度にとどまります。残り6割については、買主である子どもの住宅ローンの審査は通ったが、希望した金額での融資は受けられず、親の住宅ローンを完済させることができなかったことで親子間売買が成立しないケースがほとんどです。つまり、物件の価値がないケースでは親子間売買を成立させることが難しくなります。

Q 離婚に際して親族間売買として住宅ローンを受けられますか？

A 受けることは可能です。親子間売買と同様です。元夫から元妻に売買したい場合に希望されるケースが多いです。元妻が専業主婦であったり、アルバイト程度で少額の収入であったりする場合には、通常の住宅ローンと同様厳しいのが現状です。

Q 不動産の共有の持分のみでの親族間売買で住宅ローンを受けるのは可能ですか？

A 可能性は低いです。物件によりけりですが、共有持分だけでは活用ができないため、共有持分の価値は非常に低く評価されてしまいますので、共有持分自体に融資する価値がある場合に限って、住宅ローンは受けることが可能です。離婚に伴う夫婦間や親子間で共有持分を買い取りたいケースの相談を受けますが、成功率は非常に低いです。

リースバックとは

親子間売買と同様、売却（セール）と賃貸（リース）が一体化しているのが特徴で、自宅を売却した相手から賃貸することで自宅に住み続けることができる方法です。

リースバックの仕組みは図表15のようになります。

①売買契約を取り結ぶ

売主と買主との間で売買契約を締結し、売却代金を受け取るとともに、自宅の所有権を売主から買主へ移転します。このとき、買主との間で自宅の買い戻しにつ

図表15　リースバックの仕組み

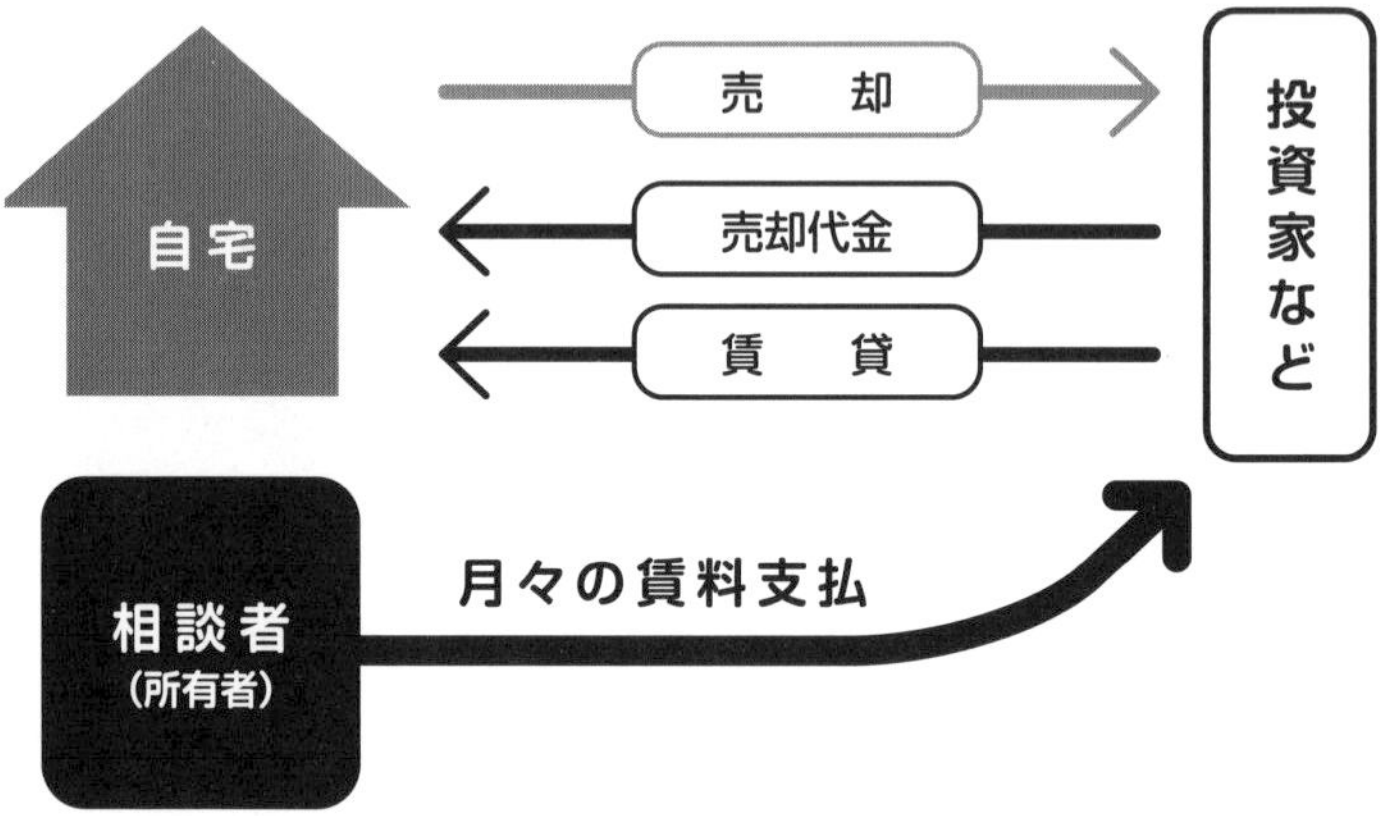

いての取り決めをしておけば、将来的に自宅を買い戻すことも可能です。

②住宅ローンを完済する

「非オーバーローン型」の場合には、売主は受け取った売却代金から住宅ローンの残金を支払い、自宅に設定された抵当権を抹消してもらいます。「オーバーローン型」の場合には、任意売却し銀行・保証会社の承認をもらい抵当権を抹消してもらいます。

③賃貸借契約を結ぶ

売主と買主は、賃貸借契約を結び、自宅の新たな所有者である買主に賃料を支払うことで自宅に住み続けることができます。

②と③を同時に行い、所有権が移転する同日に賃貸借契約を締結することで、タイムラグがなくなり住み続けることができます。

リースバックの買主は不動産投資家

親子間売買では子や親族などの身内が自宅を買い取るのに対し、リースバックでは完全に第三者の投資家（不動産投資家）が買い取ることになります。

不動産投資家とは、マンションやアパート、戸建てなど購入した不動産を他人に貸して、その賃料で生計を立てている人のことをいいます。不動産投資はビジネスですので、収益を得られる可能性がなければ、不動産を購入しません。この収益を計る物差しとなるのが「利回り」です。

利回りとは、購入金額に対する１年間の家賃収入の割合のことで、「利回り（％）＝年間家賃収入÷物件価格」という数式で算出することができます。例えば、１５００万円で物件を購入し、月10万円で貸し出した場合の利回りは、１２０万円÷１５００万円×１００＝８％となります。築年数や人気物件がどうかによって変動はしますが、多くの投資家は、８～12％程度の利回りが必要と考えますので、10％の利回りを確保するために、物件価格が１２００万円まで値下げされるか、あるいは賃料を月12万５０００円まで値上げできなければ、物件を購入しません。これはリースバックであっても同じです。

リースバックでは、買い手である投資家が利回りを重視することから、物件価格が下がってしまい、売主の住宅ローンの融資先である金融機関と金銭面での折り合いがつかずにリースバックを行うことができない場合があります。一般的に、リースバックでは市場価格の7～8割程度に売却価格が下がってしまうので、売却金額が住宅ローンの残金に満たない場合は、融資先の金融機関は自宅に設定した抵当権を抹消してくれませんので、リースバックは成立しません。仮に、物件価格で折り合いがついても、賃料が高額となってしまえば、住宅ローンを支払うよりも負担が大きくなりますので、リースバックでは問題は解決できないことになります。

つまり、リースバックでは、①物件の売却金額、②賃料の額という2つの金銭面での折り合いがつくかどうかが成否を分けるハードルとなるのです。

売却金額と賃料のバランス

任意売却では、自宅の売却金額を住宅ローンの返済に充てることになるため、売却金額が高ければ高いほど、それだけ住宅ローンの残金が減ることになりますので、生活再建を図りやすくなります。しかし、リースバックの場合は、買い手である不動産投資家は利回りを考慮して、売価金額が高額になれば、投資した金額を回収しやすいように賃料を引き上げてきます。例えば、市場価格が３０００万円の物件をそのまま３０００万円で売却してしまうと、利回り10%を確保するため賃料は25万円に設定されてしまいます。これでは、住宅ローンを完済できても、賃料の支払いに追われてしまい、いずれ生活が破綻してしまいます。かといって、賃料を抑えるために売却金額を極端に下げてしまうと、今度は住宅ローン債権者と折り合いがつかず、リースバックを断念しなければならなくなります。この売却金額と賃料のバランスが非常に難しいため、リースバックは任意売却のなかでも難易度が高く、成功する確率が低い方法とされています。

ハードルは高いがメリットも大きい

とはいえ金銭面での折り合いがつけば住宅ローンの返済から解放され、なおかつ自宅に住み続けることができるのでリースバックから得られるメリットは大きいといえます。また条件がそろえば将来的に自宅を買い戻すことも可能なので、利用したいと考える方は多くいらっしゃいます。では、リースバックを成功させるためには何が必要なのでしょうか。

リースバックを成功させるための3つのポイント

1．自宅を買い戻すには？

リースバックでは、将来的に売却した自宅を買い戻すことも可能です。買い戻しを希望する場合は、あらかじめ買い戻しの時期や金額を決めてから、投資家やリースバック会社に自宅を買い取ってもらうことになります。

具体的には、売買契約書のなかに、買い戻しについての約束事を盛り込むことになります。この買い戻しの約束は、「買戻特約」あるいは「再売買の予約」と呼ばれています。

2．買戻特約と再売買の予約

買戻特約とは、自宅の売却時に売主に自宅を買い戻す権利を与えるもので、売買代金と契約費用を買主に支払うことで、売買契約を解除して、売却した自宅を取り戻すことができるようにする約束になります。ただ、この買戻特約には、売買契約と同時に行わなければならないことのほか、買戻代金が売買代金に契約費用を加えた額を超えてはならないこと、買い戻しできる期間も契約成立から10年と制限されていることなど、さまざまな制約があるため、実務上はほとんど使われていません。そこで、リースバックでは買戻特約に代わって「再売買の予約」が自宅の買い戻し方法として利用されています。再売買の予約とは平たくいえば、「資金が用意できたら自宅を私に売ってくださいね」という再度の売買契約を行うことを約束することで、買主との間で、買い戻しできる期間や買戻金額などを事前に協議し、その内容をリースバックの売買契約書に記載するのが一般的です。なお、自宅は、買い戻すまでは自宅を借りている立場なので、家賃を毎月支払わなければなりません。一度でも家賃を滞納すると再売買の予約を取り消されてしまうこともありますので、注意が必要です。

3．リースバックにおけるトラブル

リースバックでは売買契約と賃貸契約を買主との間で取り交わすことになりますが、契約書を十分に確認せずに契約をしてしまい、のちにトラブルに巻き込まれることも少なく

はありません。トラブルを回避するため契約書で確認すべきポイントを列挙しておきます。

賃貸借契約書編

◉賃貸期間の更新のある普通借家契約か更新のない定期借家契約か

定期借家契約だと、定められた賃貸期間が終了すれば、買主の同意がない限り、自宅を退去しなければなりません。買主側の事情で自宅を転売されてしまうと新たな所有者が更新に応じてくれない危険性も否定できませんので、普通借家契約に変えてもらえないか、もしくは口約束ではなく、更新の覚書を書面でもらえるよう仲介業者に交渉を依頼してみるのも一つの手です。もっとも、定期借家契約でも、賃料の滞納がない限り更新されるのが通常です。

◉定期借家契約の場合は、更新がないことや、賃貸期間の終了により契約が終了することなどを事前に書面で説明されたか

事前に書面で説明されなかった場合は、普通借家契約となりますので、正当な理由がない限り更新を拒絶されることはありません。

図表16　リースバック会社比較

	会社名	特 徴
個人投資家	―	それぞれの戦略により異なる。 ①**地域限定タイプ** 自分の好きな地域を限定し、リースバックを積極的にする投資家。相場に明るく、大手のリースバック業者が手を出さない地域（田舎等）でも良い値段を提供してくれる場合もある。 ②**マンション限定タイプ** 安定した相場のあるマンションで安定的に利回りを得ようとする。大手のリースバック業者より利回りが低くてもチャレンジしてくれる場合もある。 ③**不動産会社タイプ** 不動産免許をもっているが、普段はリースバックを専門に行っておらず、好みの不動産や好みの地域だけリースバックを行うタイプ。思いがけない値段が出ることもある。
不動産系	ハウスドゥ	不動産全般 普通借家が原則。 競売や差押えが入っていると断られる場合もある。 保証金を多く求められる場合もあり、認知度のわりに不親切。
	インテリックス	不動産全般 定期借家（2年）が前提だが、賃料の不払いがない限りは継続。退去は自由。 中古戸建に強い。 再売買価格について、事前に回答あり。 解約書のなかで再売買の予約等の決まりはなし。
	大京穴吹	マンション専門 価格が出やすい。普通借家と定期借家を選べる。普通借家が前提。 定期借家　賃料が安く買取価格も高くなる。 普通借家　賃料が高く買取価格も下がる。 再売買の予約あり。 ※再販を念頭に置いており、賃料が払えなくなって退去し売却する前提で金額を設定しているように思います。利回り3%でも価格を出してくる場合があります。賃料での利益を求めず、再販売で売却を考えています。
	スターマイカ	マンション専門 価格が出やすい。普通借家と定期借家を選択できる。 定期借家　賃料が安く買取価格も高くなる。 普通借家　賃料が高く買取価格も下がる。
金融系	セゾン ファンデックス	マンションは値段が出やすく、中古戸建は土地評価のみとなり、金額が低くなる傾向がある。 定期借家（3年）が前提・再契約可。敷金1カ月。 2カ月分の賃料前払い・保証会社要。 再売買の予約あり。
	SBIスマイル	不動産全般 定期借家が前提（再契約あり）。 家賃の変動なし、敷金・礼金なし。

売買契約

◉買い戻しを希望する場合は、契約書に買戻特約や再売買の予約についての条項が記載されているか

契約書に記載されていないと、いざ買い戻しをしようにも、買い戻しに応じてもらえない、売却時に伝えられていた金額よりも高い金額を提示されるなどのトラブルに発展しかねません。将来的に自宅を買い戻したい場合は、契約書に買戻特約や再売買の予約を明記してもらってください。もっとも、買戻特約を入れるのであれば、金額が下がる可能性があります。いわば不動産の利用を制限されている状態になる特約ですので、その分買主はディスカウントしてくださいというわけです。買取金額が下がってしまう結果、住宅ローンを全額返済できないことになってしまっては本末転倒です。そのため、何を優先すべきか見極めて契約することが大事です。

リースバック解決事例

事例　子どものためにリースバックを決意した

Fさん〈大阪市城東区在住／職業：旅行・運送業／年齢：50代〉

○不動産……中古マンション　○住宅ローンの残額……２３００万円
○家族……離婚した妻、息子

Fさんは2年前に離婚し、マイホームには別れた妻と中学生になる息子が住んでいます。マイホームは大阪の都心部から少し離れた住宅地にある築15年の中古マンションで、15年前に、３８００万円、返済期間35年の住宅ローンを組んでFさんが購入したもので、２３００万円の住宅ローンが残っています。

離婚では、婚姻後に夫婦が築いた財産は、その貢献度に応じて分配する「財産分与」が行われますが、Fさんの家では、マイホーム以外にこれといった財産がなかったので、離婚後もＦさんが住宅ローンの返済を続け、完済後にＦさんから妻へ名義を変えることを約束。自宅には妻と息子にそのまま居住してもらい、Ｆさんが家を出ることで離婚が成立しました。自宅を出たＦさんは地元福岡に戻り、旅行会社に再就職をしましたが、以前勤めていた会社より給料が低くなってしまったことから、消費者金融にお金を借りてどうにか住宅ローンの返済と、息子の養育費の支払いを続けていました。しかし、次第に消費者金融から借りたお金を返すことができなくなり、どこからもお金を借りることができなくなったことから、ついに住宅ローンを滞納してしまいます。

　離婚後Ｆさんのようにマイホームの所有者が新たに別の場所に家を借りて住むケースでは、住宅ローンの支払いに加え、自分自身の賃料の支払いが新たに発生します。これに養育費の支払いが重なると経済的な負担が増えて、どうしても住宅ローンを支払う余裕がなくなり、住宅ローン破綻を引き起こしてしまいます。なかには、別れた妻が無償で住んでいることに嫌気がさして、なかば嫌がらせのように住宅ローンの支払いをやめてしまう人もいます。Ｆさんの場合は、離れて暮らす息子のためにどうにか住宅ローンの支払いを続けようと、お金の工面に奔走しましたが、ご自身の収入では住宅ローンの支払いは重く、消費者金融からの借入を繰り返せば、負債は膨らみ、いずれ破綻してしまいます。

私の事務所に相談に来られたときには、すでに住宅ローンを半年滞納したあとでした。「息子はまだ中学生なので、転校させず、このまま自宅に住まわせてあげたい」「なんとか住み続けられる方法はないか」と必死に訴えるＦさんを見ていると、なんとかしたいという強い思いがこみ上げてきました。住宅ローンの支払いに困窮しても、自宅に住み続けられる方法はあります。その方法とは、この章で説明した「親子（親族）間売買」と「リースバック」です。Ｆさんのケースでは、別れた妻が自宅を買い受けてくれれば問題は解決できるのですが、別れた妻はパート勤務なので住宅ローンの審査が通りません。かといってほかに、住宅ローンを組んでまで自宅を買い受けてくれる親族もいなかったため、親族間売買はできません。そこでリースバックを提案させてもらったところ、当初、リースバックでは自宅の所有権を買い手となる他人に移転しなければならないことに抵抗があったようで、その場で承諾を得ることはできませんでしたが、後日、ほかに方法がないと分かると、リースバックで話を進めてほしいと連絡がありました。

Ｆさんの自宅は大阪の都心部へのアクセスもよくファミリー層に人気の中古マンションだったので、売却金額が高く、そのわりには賃料を低額で抑えてもらえる○社に購入依頼をもちかけたところ、賃料を毎月11万５０００円支払ってもらえるなら相場よりも少し高い２０００万円で購入するとの回答がありました。売却金額が２０００万円で賃料が11万５０００円とすると利回りは６・９％になります。リースバックの場合、一般的に利回りが10％を下回ると、売却金額を下げるか、賃料を上げるかして、利回りを10％に近づけなければ、なかなか買い手を見つけることが難しくなりますが、Ｆさんのケースではこれ以上売却金額を下げると住宅ローン債権者の同意が得られないこと、かといって賃料を引き上げてしまうと支払いができなくなりますから、リースバック自体を成立させても意味がなくなります。今回のケースでは、事前にＦさんから聞き取りしていた賃料の支払可能額が、12万円であったことから、○社に買い取ってもらえれば、リースバックで問題を解決することができます。

ただ、住宅ローンの滞納が半年続いていたので、通常であれば、いつ競売を申し立てられてもおかしくありません。実際、Ｆさんのもとには期限の利益喪失を伝える通知が届いていて、住宅ローンの債権者も融資先の住宅金融支援機構からサービサーである□社に変わっていました。

Ｆさんのケースでは、債権回収会社に連絡を入れた時点で、競売申立ての準備中でしたが、２０００万円を返済してくれるなら、競売ではなくリースバックに応じるとのことでした。リースバックの話がまとめれば、Ｆさんは所有権こそ失いますが、別れた妻と息子を自宅に住み続けさせることができますので、一件落着かと安堵していたのですが、肝心のＦさんの態度がどうも煮え切りません。所有権を失うことにわだかまりがあったのでしょうか。Ｆさんからリースバックを進めるゴーサインが出ないまま１カ月が経過し、ついに競売が申し立てられてしまったのです。焦ったＦさんから「１日でも早くリースバックの話をまとめてほしい」と連絡がありました。

競売が申し立てられても、落札者が決まる開札期日の前日までなら競売を取り下げることができるので、この間にリースバックを行うことは可能です。競売申立てから開札期日までの期間はだいたい４～６カ月程度で、Ｆさんのケースでは競売が申し立てられたばかりでしたので、まだ時間的な余裕がありました。しかも、リースバックの買い手も決まっていたので、あとは住宅ローン債権者側の稟議が通るのを待つだけです。通常、競売が申し立てられたあとにリースバックを含む任意売却を行う場合、住宅ローン債権者である金融機関内部で「競売を取り下げるかどうか」について上層部の承認を得るため稟議が必要となります。今回のケースでは時間切れの心配も少なく、事前に債権回収会社の担当者から２０００万円であれば承認を得られる可能性が高いことを聞いていたので、稟議が通るのを、余裕をもって待つことができました。その後、住宅ローン債権者側の稟議が通り、リースバックが成立すれば、競売を取り消してもらうことになります。

ただ、ここでも問題が発生しました。リースバックでは自宅の売却と同時に、買主との賃貸借契約を締結します。○社の場合、賃貸借契約を結ぶ前提として「保証料＋2カ月分の前払い賃料」が必要とされているのですが、Fさんには2カ月分の賃料を支払うだけのお金がないのです。そこで、私が受け取る仲介手数料を後払いにして、この費用に充ててもらうことにしました。また、賃貸に際しては○社が指定する保証会社を利用する必要がありましたが、Fさんはリースバック後に残る住宅ローンの残金300万円に加え、消費者金融からの借入もあったため、賃貸の保証会社の承認が下りませんでした。結局、別れた妻が連帯保証人となることで、Fさんが保証会社を利用できるようにしました。こうして無事賃貸借契約も締結でき、リースバック契約が成立したので、住宅ローン債権者は競売を取り下げてくれました。現在、Fさんは自己破産によって借金のない生活を送りながら、別れた妻と息子が暮らす自宅の賃料を滞りなく支払い続けています。

リースバック Q&A

Q リースバックの賃貸の相場はいくらぐらいでしょうか？

A リースバックの賃料は利回りで決まります。目安の表面利回りとしては、10％程度です。物件が古い場合には利回りが高くなりますし、タワーマンション等の人気マンションなどは6％でも取引されております。物件の価値との相対的な決定となります。
例えば、中古マンションで売買価格が2000万円ですと、利回りが10％必要となれば、月額賃料は16・6万円となります。
2000万×0・1（10％）＝200万（年間受取賃料）、200万÷12カ月＝16・6万円

Q 住宅ローンを滞納していますが、リースバック可能ですか？

A 可能です。通常の任意売却の手続きをしながら、リースバックとなります。
任意売却については、第3章で説明したとおり、売却金額の決定を債権者がしますので、その金額でリースバック会社が購入してくれるか、賃料は利回りから考えて月額いくらになるのかが勝負になります。金額が合わなければ失敗に終わる場合もあり、経験豊

富なアドバイスが必要となります。

Q 売却金額が住宅ローンの残金を下回る場合でもリースバックはできますか？

A 先にも説明したとおり、【オーバーローン型】のリースバックとなります。住宅ローンの残金に満たない額を、現金で用意できれば、住宅ローン債権者の同意がなくてもリースバックを行うことはできます。現金で用意できない場合でも、住宅ローン債権者の同意があれば、可能です。

Q 競売を申し立てられていてもリースバックは可能ですか？

A 可能です。競売開札期日の前日までは、物理的には任意売却が可能ですので、任意売却の手続きのなかでリースバックを目指すことになります。

Q リースバックをしたのですが賃料が払えなくなりました。解約はできますか？

A 賃貸の解約は可能です。通常の場合と同じで1カ月前の解約通知等により、解約となるのが通常です。賃料を払わずにいると通常の賃貸と同様に債務不履行により解除されてしまい退去させられます。

Q リースバックの賃貸中の修繕等は誰が行いますか？

A 賃貸借契約の内容によりますが、通常は、普通の賃貸物件と同じです。
詳細を借りるときに決める場合もございますが、通常の決め方としては、大きく費用のかかるものについては、オーナーの費用で修繕し、大きく費用のかからないものについては、賃借人が費用を出して修繕するイメージです。
例えば、雨漏り・給湯器の故障などは、オーナーが修繕します。それに対して、電球が切れた、障子が破れたなどは賃借人が修繕します。

Q 固定資産税はどうなりますか？

A 固定資産税については、所有者が払うものですので、当然、所有者の賃貸人（オーナー）が支払うことになります。

Q マンションの場合の管理費等はどうなりますか？

A　固定資産税と同様で、所有者の賃貸人（オーナー）が支払うことになります。管理組合についても組合人ではなくなりますので、総会への出席義務はなくなります（出る権限がなくなります）。

Q　定期借家契約の場合、賃貸期間は何年ぐらいですか？

A　通常は契約期間2年の定期借家契約が主流です。その間、賃料の支払いが滞らなければ、賃貸契約を更新するというスタンスの会社がほとんどです。

Q　将来的にお金ができたら自宅を買い戻すことを考えていますが、買戻期間や買戻金額の相場はどうなっていますか？

A　リースバックの買い戻しは再売買契約となるので、買戻期間については、決まりはありません。買戻金額は、リースバック時の売却金額よりも高額になります。購入金額プラス実勢価格で売却した場合の利益２００～５００万円が上乗せになります。例えば、１０００万円で売却した場合には、１２００～１５００万円で買い戻すイメージです。

Q 買戻金額から、これまで支払った賃料は差し引いてもらえるのでしょうか?

A 賃料が再度買い戻しをするための費用になっていると勘違いされている方が多いのですが、賃料はあくまでも賃料です。例えばこれまで支払った賃料の総額が１０００万円になったからといって、買い戻しの代金から１０００万円を引いてもらえるようなことはありません。

Q 依頼を避けたほうがいい仲介業者の特徴はありますか?

A リースバックを含む任意売却は時間との勝負です。そのためスピード感がない仲介業者では、なかなか話が前へ進まず、業を煮やした住宅ローン債権者が競売を申し立て、強制的に家を取られてしまいかねません。買い手を探していると言いながら、どこのリースバック会社と交渉しているのか報告してくれなかったり、リースバック後の賃料や利回りについていっさい話をしてくれなかったりする仲介業者はリースバックの経験がほとんどないと考えて間違いありません。また、提示された賃料が、これまでの住宅ローンの返済額より多い場合も、依頼者の窮状をまったく理解できていませんので、そのような仲介業者への依頼は控えたほうが無難です。

Q リースバックの成功率と、失敗するケースの特徴を教えてください。

A 成功率はマンションなら50％、戸建てなら30％くらいです。リースバックできないのは、物件の価値が低くなってしまい、住宅ローンの残金よりも購入額が低くなる場合です。この場合、田舎の戸建てでは10％ぐらいしか、リースバックは成功しません。

第5章

最終的には自己破産で借金をゼロにしてリスタートを切る

任意売却をする場合には自己破産をしなければならないの？

よくある勘違いとして、不動産を任意売却すると、「自己破産しないといけない」というものがあります。これは誤りで、任意売却と法的処理（自己破産など）は別の問題であり、セットでしないといけないことではありません。

もっとも、不動産以外の借入も多く、任意売却の結果、多額の住宅ローンが残る場合には、自己破産を申し立て、免責許可を受けて債務をなくす方が多いのは事実です。

法的処理は大きく分けて、次の3つに分かれます。また、①任意整理、②個人再生で済むのであれば、任意売却をする必要がないので、任意売却後の法的処理としては、③自己破産を申し立てるのが通常です。

①任意整理

任意売却する必要はありません（169ページ後述）。

②個人再生

住宅ローンの特則付きの個人再生申立をすれば、任意売却する必要はありません（169ページ後述）。

③自己破産

任意売却後の自己破産と任意売却前の自己破産に分かれます。任意売却後の自己破産がオーソドックスですが、任意売却前の自己破産もあります。

(i)任意売却後の自己破産等と、(ii)任意売却せずに法的処理をする方法

任意売却して終わりではありませんし、法的処理によっては任意売却をする必要がない場合もあります。

任意売却後の王道は自己破産

日本人の方は、非常に「破産」という言葉に敏感です。それだけは避けたいと思う方が多いです。しかし、今からご紹介するように、任意売却で残債務がどれだけ残っても、ほかの債務がどれだけあっても「免責」決定を受ければ債務はすべてなくなります。メリットが非常に大きい制度です。

また、おおよそ7~10年経過すれば、再度住宅ローンやほかのローンも組むこともできます。リスタートするためには最適な法的処理です。

国家が認めてくれたこの制度を使わない手はない、と私は思います。

私の相談者の方には、自己破産を強くお勧めしております。

自己破産をしたからといって、「選挙権がなくなる」「仕事をクビになる」「年金が受給できなくなる」など人権が失われるようなことはありません。ただし、自己破産には借金を帳消しにするという強力な効果があることから、借金の返済を免除してもらう「免責」を受けるには厳格な手続きが用意されています。

住宅ローンが支払えず、ほかにも借金がたくさんある場合は自己破産を検討する

住宅ローンが支払えなくても、ほかに大きな借金がなければ、任意売却で解決の糸口をつかむことができますが、住宅ローン以外にも多額の借金があり、任意整理や個人再生などの方法では到底解決できない場合は、自己破産を検討する必要があります。

自己破産には、「破産手続」と「免責手続」の2つの手続きがあります。破産手続とは、自己破産を申し立てた人（破産者）の財産を処分し、処分によって得られたお金を債権者へ配当する手続きのことです。自己破産は、破産者の財産を処分する代わりに、借金を免除する手続きとなるため、免責を受けるためには先行して財産を処分する必要があります。破産手続は、財産を処分し、各債権者へ配当するだけの手続きにとどまるので、借金の返済を免除する効果まではありません。借金については、破産手続とは別の手続きによって、返済を免除してもらう必要があるのです。これが「免責手続」です。免責手続では、借金の返済を免除してもよいかが審理され、裁判所が免除してもよいと判断すると免責決定が下ります。これで晴れて借金から解放されることになります。

破産手続と免責手続は別の手続きですが、破産手続の申立てを行えば、免責手続の申立て（免責許可の申立て）もしたと扱われるので、自己破産といえば破産手続と免責手続という2つの手続きを含めて考えるのが一般的です。

自己破産の申立てを行うと、まずは破産手続を開始するかどうかを裁判所が判断します。破産手続を開始するには、申立人が「支払不能の状態にあること」が条件とされています。

支払不能状態とは？

支払不能状態とは、法律的には「①債務者が支払能力を欠くために、②その債務のうち弁済期にあるものについて、③一般的かつ継続的に弁済できない」状態のことをいいます。

①支払能力がないこと

支払能力は、財産、信用、労務による収入を総合的に考慮して判断されます。支払能力がないということは、債務を返済するための財産や信用がなく、また労務による収入も望めない状態のことです。そのため、無職であっても、借金を返済できる財産があれば支払不能状態とは判断されません。その財産を現金化して、借金を返済すればいいからです。ただし、現金化が難しい場合は、財産があっても借金を返済することはできませんので、支払能力がないとみなされることになります。

②弁済期にある債務を弁済できないこと

支払不能とは、現在の返済状態を判断するためのものなので、支払不能といえるためには現在すでに債務の返済が遅れていることが必要なのです。

③一般的かつ継続的に弁済できないこと

一時的に返済ができなかったというのではなく、支払いができない状態が継続していることが必要です。

破産手続には2種類ある

支払不能状態であると認められれば、破産手続の開始決定が出ます。破産手続は、破産者の財産を処分してお金に換え、債権者に分配する手続きのため、破産手続の開始が決まると、破産者の財産を管理・処分するために「破産管財人」が選任されます。破産開始決定が出ると、財産の管理・処分権は破産者から破産管財人に移りますので、自分の財産であっても自由に処分することはできなくなります。破産管財人は破産者の財産を管理、調査し、財産を売却するなどして現金化（換価）し、債権者へ分配（配当）します。このように管財人が選任される破産事件を管財事件といいます。

法律上は、管財事件が原則となりますが、お金に換える財産がない場合にまで破産管財人を選任することは無意味です。そこで、破産者に財産がない場合は、破産手続の開始決定と同時に、破産手続を終了させる破産手続廃止決定がなされます。開始と廃止が同時期に行われることから、これを「同時廃止」といいます。このように、破産手続には、「管財事件」と「同時廃止」の２つの種類があり、７割程度が同時廃止となっています。

管財事件になるのは？

管轄裁判所の地域によっても異なりますが、一般的に50万円以上の現金や、20万円以上の現金以外の財産がある場合は管財事件になるといわれています。50万円以上の財産がなくても、申立人が法人の代表者や個人事業主の場合、借金の額が５０００万円を超える場合、破産の事情を調査する必要がある場合も管財事件となります。これ以外にも、自己破産前に不相当に廉価な金額で自宅を売却するなど債権者の利益を害するような詐害行為があった場合や、特定の債権者にだけ返済する偏頗《へんぱ》弁済があった場合にも管財事件となることがあります。

自宅がある場合は管財事件になる？

不動産があると原則管財事件になりますが、不動産（自宅）があるからといって、即、管財事件にはなりません。自宅の評価額よりも住宅ローンの残金が上回る「オーバーローン」の場合は、同時廃止事件とできることがあります。

自宅を所有していても同時廃止になる「オーバーローン基準」って？

住宅ローンの残金が自宅の評価額を大きく上回る場合は、破産管財人がお金に換える手続きをしても、原則としてほかの債権者には1円も分配されません。債権者は、抵当権を付けていれば、自己破産や個人再生手続きになっても、破産や個人再生手続きに関係なく、抵当権に基づき競売を申し立てて貸し付けたお金の回収を図ることができます。そのため、わざわざ破産管財人に換価処分をしてもらう必要はないのです。そこで、裁判所ごとにオーバーローン基準を定めて、基準を満たす場合は自宅を所有していても同時廃止事件として受付しています。図表17に主な裁判所のオーバーローン基準をまとめています。

なお、オーバーローン基準をクリアし、同時廃止となった場合、破産手続のなかで自宅を処分されることはありませんが、住宅ローン債権者は抵当権に基づいて、競売の申立てを行ってきますので、いずれにせよ自宅は処分されてしまうことになります。

自宅がある場合は、自己破産よりも前に任意売却したほうが得って本当？

自己破産をすればどのみち自宅は処分されてしまうのだから、わざわざ任意売却なんてしなくてもいいのではないか、と思われるかもしれませんが、自己破産よりも前に任意売却をすることで、費用と時間を節約できるというメリットが得られます。

不動産があるために管財事件となった場合、破産管財人が不動産を処分するのに時間がかかる可能性があるため、破産手続が終了するまで半年程度かかることがあります。一方、同時廃止の場合は破産開始決定と同時に破産手続も終了するので、開始決定から3カ月程度で破産手続は終了します。

先に自宅を売却し、財産がない状態で自己破産を申し立てれば、同時廃止になりますので、手続きに要する時間を短縮させることができます。

また、自己破産の申立てには予納金といって裁判所に納める手数料や官報公告費が必要となります。同時廃止の予納金は2万円程度ですが、管財事件の場合は、破産管財人の報酬（引き継予納金）が別途必要となるため、最低でも20万5000円はかかります。

このため、自己破産申立ての前に任意売却を行えば、時

図表 17　主たる裁判所のオーバーローン基準

大阪地方裁判所	下記のどちらかを満たす場合 ○住宅ローンの残金が固定資産税評価額の2倍を超える場合 ○上記の割合が1.5倍を超えて2倍までの場合は、住宅ローンの残金が査定書の評価額の1.5倍を超える場合
東京地方裁判所	住宅ローンの残金が2社以上の信用のある不動産業者の査定書の評価額の1.5倍以上の場合
名古屋地方裁判所	土地の固定資産税評価額×2と建物固定資産税評価額×1.5を合算した金額よりも住宅ローンの残金が大きい場合

間だけでなく費用も大幅に抑えることができるのです。

免責手続では免責不許可事由がないかが審理される

破産手続が終了すれば、裁判所は、破産事件のなかで免責不許可事由がないかを審理します。免責不許可事由とは、借金を帳消しするには債権者に対し不公平となる事情のことで、主に次のようなものがあります。

①浪費が理由の借金……無駄遣いのことです。パチンコや競馬、競輪などのギャンブルやキャバクラや風俗通いなどがその代表例で、収入に見合わない高額な買い物や外食なども、金額や頻度によっては浪費とみなされます。

②特定の債権者にだけ返済をした（偏頗的な非本旨弁済）……お金を借りた人のなかから、特定の人にだけ借金を返済することを「偏頗弁済」といい、債務者の義務に属さない時期などに偏頗弁済をすると、免責不許可事由に当たります。

③カードで買った商品を換金した……クレジットカードなどで商品を購入し、その商品を廉価で換金する行為は免責不許可事由に当たる可能性があります。例えば、クレジットカードで新幹線の切符や商品券を購入し、それを金券ショップに安く売る行為がこれに当たります。

④裁判所に嘘の申告をした……自己破産の手続き中に管財人の調査に協力しなかったり、嘘の説明をしたりしたときは免責不許可事由に該当します。

⑤わざと財産を隠した……債権者に損害を与えるために、配当の原資となる財産（破産財団）をわざと隠したり、壊したり、ただで人にあげたりした場合は、詐害行為として免責不許可事由に当たります。また破産管財人の仕事を妨害したときも同様です。

もっとも、免責不許可事由に当たる行為をした場合であっても、免責許可が下りないのは、わずか2％程度といわれています。免責不許可事由に該当する場合であっても裁判所の判断で免責が許可されることがほとんどだからです。これを裁量免責といいます。

免責が許可されれば借金は帳消しに？

無事、免責許可が下りれば、借金の返済は免除され、人生の再スタートを切ることができます。ただし、自己破産をしても支払いが免除されない借金があります。滞納している税金や健康保険料、わざと他人の財産や権利を侵害したことで請求されている損害賠償金や、他人を殴るなどしてケガを負わせたり死亡させたりした場合の損害賠償金、養育費や婚姻費用、従業員の給料や罰金などで、これらは免責を許可されても、支払いは免除されませんので、自己破産後であっても必ず支払わなければなりません。

自己破産Q&A

Q 自己破産をすると日常生活で何かしらの制限はありますか？

A 破産手続が開始されると、一定の職業に就くことができなくなります。よく知られているものとして、保険の外交員、警備員、宅地建物取引主任者、旅行業務取扱管理者、弁護士や司法書士、税理士などがあります。この職業制限は免責許可が確定すれば解除されます。管財事件となった場合は、財産の管理・処分権が破産管財人に移るだけでなく、居住も制限されますので、裁判所の許可がなければ引っ越しはもちろんのこと、2泊以上の旅行や出張などができなくなります。また、破産者宛ての宅配便などを除く郵便物はすべて破産管財人に転送されます。居住制限や郵便物の転送は破産管財人の調査や破産手続を円滑に進めるためのものなので、破産手続終了までには解除されます。

Q 自己破産をしたことを周囲に知られることはありますか？

A 自己破産では、破産手続開始決定後と免責許可決定後の2回、名前や住所などが官報に公告されますが、一般の方が官報を目にする機会はないので、官報に掲載されたからといって心配をする必要はありません。ただ、闇金などが、官報を見て、お金を貸しますよといったダイレクトメールを送り付けてくることがありますので、誘いに乗らないよう十分に注意してください。

Q 自己破産をしたらすべての財産が取り上げられてしまいますか？

A 自己破産をしたからといって、すべての財産が取り上げられてしまうわけではありません。自己破産後の生活に必要な財産は「自由財産」といって手元に残すことができるのです。自由財産には、①99万円までの現金など、②自己破産開始決定後に取得した財産（新得財産）、③生活に欠かすことのできない冷蔵庫や洗濯機、テレビやパソコン、衣類や寝具など差押えが禁止されている財産が含まれます。そのほか破産管財人が放棄した財産も手元に残すことができます。

なお、自由財産は99万円まで手元に残せますが、大阪地方裁判所では現金が50万円を超える場合やその他の財産が20万円以上の場合、東京地方裁判所では33万円を超える場合は原則として管財事件となります。

Q 自己破産のデメリットはありますか？

A 自己破産をすれば5～10年ブラックリストに載りますので、新たな借入などはできなくなります。また資格制限もありますので、一定の職業に就くことができなくなります。さらに保証人が付いている場合は、保証人に催促がいきますので、迷惑がかかってしまいます。

Q 水道光熱費の支払いや携帯代金の支払いは偏頗弁済になりますか？

A これらの支払いは生活に必要なものなので、偏頗弁済には当たりません。

Q 免責が許可されなかったらどうなりますか？

A 免責の許可が下りなかった場合でも、即時抗告といって高等裁判所に再度、免責の判断をしてもらうことができます。ただ決定が覆ることは稀なので、債務として残ってしまいます。

住宅ローン以外の借金を整理できれば自宅を維持できる

①「任意整理」とは、債権者（お金を貸している人）との話し合いで、将来発生する利息をカットして月々の返済額を少なくする手続きで、住宅ローンの支払いを続けながら、ほかの借金を整理することができます。

②「個人再生」は、裁判所を利用した手続きになります。個人再生では、債務を原則5分の1に減額できるので、利息しかカットできない任意整理に比べると減額できる割合が大きく、その後の返済も楽になります。また、個人再生には、自宅を残したいという方のために、「住宅資金特別条項（住宅ローン特則）」という特別な制度も設けられているので、自宅を処分せずに、借金を整理することが可能です。ただし、保有している財産の価額が借金の5分の1よりも大きい場合には、5分の1以上の返済が必要なこともあります。

③「自己破産」も、個人再生と同様、裁判所を利用した手続きになりますが、借金をゼロにする代わりに、自宅を含めた一定の財産の処分が必要となります。そのため、自宅を処分せずに住宅ローン以外の借金を整理したいという方には適しません。

自宅を処分せずに借金を整理する方法

①任意整理

債権者との話し合いで、無理なく返済できるようにする手続きです。具体的には、将来利息をカットしたお金を原則3年（36回）、最長5年（60回）で分割して返済していく方法です。ただし、債権者によっては利息のカットに応じてくれないところもあります。

◉個人再生を利用して自宅を維持する方法は？

個人再生は借金の返済に困窮する個人が生活再建を図るために設けられた制度なので、生活再建の拠点となる自宅を手放さずに、借金の整理が行えるように特別な手続きが用意されています。これが「住宅ローン特則（住宅資金貸付債権の特則）」と呼ばれる手続きです。

②コロナ禍における救済措置「コロナ版ローン減免制度」

新型コロナの影響で住宅ローンなどの返済ができなくなった人について、自己破産や個人再生とは違う方法で、借金の減額や免除をしてもらう制度（コロナ版ローン減免制度）が昨年12月からスタートしています。この制度は、もともと自然災害で家や財産を失った被災者向けにつくられた「自然災害による被災者の債務整理に関するガイドライン」を新型コロナの影響を受けた人たちに適用する場合の特則を定めたものです。

減免制度では、財産を処分する清算型が基本となりますが、将来的に反復・継続して収入を得る見込みのある方は、合意できた金額を分割で返済すれば、財産を処分せずに済みます。このあたりは個人再生と同じですが、分割で返済できる期間が個人再生の原則3年よりも2年長い、5年とされていることから、その分毎月の返済額が抑えられますので、個人再生に比べて返済による負担は軽くなります。

◉コロナ版ローン減免制度の利用要件や手続きの流れ

▼この制度を利用できる人

この制度を利用することができるのは、コロナ禍の影響による失業や、収入・売り上げの減少によって、住宅ローンなどの返済ができない、あるいは近い将来返済できなくなることが確実である個人と個人事業主です。コロナ禍以外の理由で返済が困難になっている人は利用できません。

▼減免の対象となる債務

①２０２０年２月１日以前のすべての債務、②２０２０年２月２日から同年10月30日までの間に、コロナ禍に対応するために借り入れた債務の２つで、２０２０年２月２日以降にコロナ禍以外の理由で借り入れた債務は含まれません。

自己破産解決事例

事例　自己破産を選択して債務をなくし再スタートを切ったGさんご夫妻

Gさんご夫妻〈大阪市都島区在住／職業：会社員（ご主人）、パート（奥さま）／年齢：50代〉

○不動産……………中古戸建　　○他債務…………数百万円
○住宅ローンの残額……３３００万円超　　○実勢価格……２０００万円程度

夫婦は両名で不動産を共有し、夫婦連帯債務で住宅ローンを組まれていました。新築で購入後17年経ち、住宅ローンはまだ３３００万円程度残っていました。

タクシーの運転手をしていたご主人が体調を崩して内勤に変更となり、歩合給がなくなったため大幅に収入減となりました。消費者金融などから借り入れることで、なんとかやりくりしていたものの、住宅ローンが支払えなくなり、ご相談に来られた際にはすでに

4カ月住宅ローンを滞納されている状況でした。

不動産価格を調査すると、大幅にオーバーローンになり、任意売却したとしても残債務が1300万円以上残ることが分かりました。そのうえ、ほかの借入もあったことから、自己破産するしか道がないのではないかというお話をしました。

ご夫婦は、当初、恥ずかしいという思いと、ガンを患った父の看病をしていたことから、自己破産は避け、なんとか再起を図りたいとの意思でした。

しかし、自己破産して免責許可が下りれば債務がすべてなくなり人生の再スタートをきれること、世間の自己破産のイメージがあまりにも悪く誤解されていることなどを説明すると、夫婦ともに自己破産することを決断しました。

その後、住宅ローンの滞納が5カ月のところで、Gさん宅に代位弁済の通知書が届いたため、任意売却の手続きを進めたところ、当初の調査どおり2000万円での売却が決定しました。また、退去費用を売却金額から捻出することもできたため、ご夫妻はとても喜んでいました。

そして残債1300万円については、自己破産に精通し親身になって相談に乗ってくれる弁護士の先生を紹介し、自己破産の申立てを行い、無事に免責許可を受けることができました。

「景色のきれいな賃貸マンションに引っ越して満足しています」と奥さまが明るい表情で話していた姿を思い出します。再スタートをきれて、なにか吹っ切れた表情と感じました。

第6章

いち早く生活再建を図るために知っておきたい5つのこと

任意売却後に残った借金はどうなる？

自宅を担保に金融機関から融資された住宅ローンは、自宅が任意売却されると、担保を失います。つまり、任意売却後に残る住宅ローンの残金は担保をもたない無担保債権に変わります。担保がないということは、返済が滞っても、差押えすべき財産がないので、強制的な手段ではお金を回収することができないことを意味します。担保のない債権は、お金を貸している側からすれば、借りている人の自発的な返済意思に頼らざるを得ない、なんとも心もとない債権なのです。特に、住宅ローンの返済が滞り、任意売却を行った経緯を考えると、任意売却後の残金については、返済が見込めない〝不良債権〟となるので、ほとんどの金融機関は、債権回収を専門とするサービサー（債権回収会社）に、この住宅ローンの残金の債権をかなり安い価格で売却することになります。

なかにはバルクセールといって、回収見込みの低い不良債権を大量に集めて一括でサービサーへ売却する金融機関もあります。バルクセールで売却された場合は、大幅に返済額が免除されることがあります。

実際、私が担当した案件で、任意売却後、８００万円の住宅ローンの残金が残ったのですが、債権を譲り受け得た債権回収会社に返済についての交渉を行ったところ１５０万円を一括で支払うことを条件に、残り６５０万円を免除してもらえたことがありました。

バルクセールで購入していなくても、任意売却後の住宅ローンの残金については、全般的に柔軟に対応してもらえるという印象があります。残金全額を一括で返済せよ、といったところで、支払えないことは分かっていますし、分割で返済するにしても、到底返済できないような額を要求したところで、支払ってくれなければ1円も回収できずに損をするのは債権者自身だということを債権者も分かっているのでしょう。

ただ、例えば、１０００万円を毎月2万円返済するとなれば、返済期間が42年程度かかってしまいます。50歳で任意売却をすれば、92歳まで住宅ローンの残金を返済していく計算になります。その大半が、年金から返済していくことになりますが、貯蓄がなければ、なけなしの年金から月2万円を返済することは家計に大きな負担となり、いずれ老後破綻を招きかねません。また、住んでもいない過去の自宅のために支払い続ける精神的ダメージもあります。加えて、自宅の代わりに借りている物件の賃料もプラスして支払うことは、かなり苦しいです。老後リスクを考えると、自己破産を利用して、住宅ローンの残金を帳消しにするほうが、生活再建の観点からすれば有用だと考えられます。

とはいえ、家を失ってしまったのに、さらに自己破産まではどうしてもしたくない、と抵抗感を強く示される方もいらっしゃると思います。そうであれば、個人再生や任意整理などで、借金を減額してもらう方法もありますし、これらの方法を利用すれば5年以内には借金生活から解放されるのです。

任意売却後の住宅ローン残金についても、選択肢は豊富です。債権者との交渉で毎月1～3万円を返済し続けていくのか、自己破産でゼロにするのか、もしくは個人再生や任意整理を使って借金を減額してもらうのか、いずれを選択するのかは、本人の自由です。生活再建に向け、よりよい手段を選択します。

任意売却後の借金整理をせずに放置した場合はどうなる？

任意売却後の住宅ローンの残金について、債権者との交渉で、毎月1～3万円を返済していくことになったとして、返済が滞ったまま放置してしまった場合はどうなるのでしょうか？

まず、債権者から住宅ローンを滞納したときと同じように、電話や書面で催告され、後日、自宅に催促状が届きます。

次に、滞納を何度も繰り返すと、債権者は最終手段として、預金の差押えや、ほかに不動産がある場合はその不動産の差押えを行います。もっとも、銀行預金があったり不動産があったりする場合には差押えをすることができますが、預金も不動産も何もないという状況であれば、債権者は何もすることができません。まさに担保を失った状況ですので、借金のかたにするものがないのです。

財産を隠し持っているのにわざと払わない場合などは、債権者から「破産」の申立てをされる場合もあります。これは、「自己破産」ではなく「債権者が申立てる破産」で、かなりイレギュラーですが、時々用いられます。

任意売却後の借金を放置して亡くなったらどうなる？

では、任意売却後の住宅ローンの残金を滞りなく返済し続けている途中で、借主が亡くなった場合はどうなるのでしょうか。自宅や預金などの資産だけでなく、借金や保証債務などの負債も相続されることになります。たまに、借金は相続しなくても構わないと思っている方がいますが、それは大きな間違いです。亡くなられた方に借金しかなくても、相続は発生するのです。

ただし、法律は無情ではありません。相続をするかどうかを相続人の意思に委ねるため、3つの方法が用意されています。資産も負債もまるごとそのまま相続する「単純承認」と、相続した資産の範囲で負債を返済する「限定承認」、そして資産も負債もすべて相続しない「相続放棄」の3つの方法です。このうち限定承認と相続放棄は家庭裁判所を利用した手続きとなり、相続人が自己のために相続の開始があったことを知ったとき（通常は亡くなられたとき）から、3カ月以内に家庭裁判所で手続きを行う必要があります。この3カ月という期間は「熟慮期間」と呼ばれ、熟慮期間が過ぎると、相続放棄や限定承認を行うことはできなくなります。つまり、熟慮期間が過ぎると、単純承認をしたものとみなされ、債権者から督促状が届けば、支払わなければならなくなるのです。

相続放棄をした場合は、その人は最初から相続人ではなくなりますので、次順位の相続人に相続権が移ります。相続にも順位があって、第1順位は子、第2順位は両親、祖父母などの直系尊属、第3順位は兄弟姉妹になり、配偶者は常に相続人になります。例えば、子どもが相続放棄をすれば、亡くなられた方の両親が健在であれば両親が、両親も祖父母も亡くなっている場合は兄弟姉妹が相続人になります。そのため、任意売却後の住宅ローンの残金が相続されると、子どもや配偶者だけでなく、親、兄弟も巻き込んで、相続放棄をする必要が出てくるのです。亡くなったあとに家族や親族に迷惑をかけたくない場合は、自己破産で借金をゼロにしておくか、個人再生や任意整理で借金を減額してもらって、生前に完済しておくのが無難です。

任意売却後の借金整理を援助してくれる制度はある？

任意売却後に残った借金を整理したくても、弁護士や司法書士に支払うお金がないという方は、国によって設立された日本司法支援センター（法テラス）の民事法律扶助制度が利用できます。民事法律扶助制度とは、弁護士や司法書士などに支払う費用を立て替えてくれる制度のことで、利用には法テラスが定める「収入要件」と「資産要件」を満たす必要があります。

申込者および配偶者の手取り月収額（賞与を含む）が図表18の基準を満たしていることが

図表18　法テラスが定める収入要件

同居人数	手取り月収額の基準※1	家賃または住宅ローンを負担している場合に加算できる限度額※2
1人	18万2000円以下 （20万200円以下）	4万1000円以下 （5万3000円以下）
2人	25万1000円以下 （27万6100円以下）	5万3000円以下 （6万8000円以下）
3人	27万2000円以下 （29万9200円以下）	6万6000円以下 （8万5000円以下）
4人	29万9000円以下 （32万8900円以下）	7万1000円以下 （9万2000円以下）

※1　手取り月収額の基準

お住まいの地域が生活保護1級地の場合は（ ）内の基準を適用します。
同居家族が5人以上の場合は1人増加するごとに基準額に3万円（3万3000円）を加算します。

※2　家賃または住宅ローンを負担している場合に加算できる限度額

家賃または住宅ローンを負担している場合、基準表の額を限度に、負担額を基準に加算できます。居住地が東京都特別区の場合は（ ）内の基準を適用します。

要件となります。

任意売却後の生活を支援してくれる制度はある？

全国すべての都道府県、市区町村に設置されている社会福祉協議会では、失業や減収などにより生活に困窮している方に対し、生活の立て直しを目的として、資金の貸付と必要な相談や支援を行う「生活福祉資金貸付制度」を実施しています。

この制度を利用できるのは、①必要な資金をほかから借りることが困難な「低所得者世帯」、②障害者手帳などの交付を受けた人が属する「障害者世帯」、③65歳以上の高齢者が属する「高齢者世帯」で、貸付金の種類には左記のようなものがあります。

生活福祉資金の種類

生活福祉資金には大きく①総合支援資金、②福祉資金、③教育支援資金、④不動産担保型生活資金の4種類があります。（図表19）

生活費が借りられる「総合支援資金」

総合支援資金では、生活再建を図るため、①生活支援費、②住居入居費、③一時生活再建費を無利子で貸し付けてくれます（連帯保証人がいない場合は、年1・5％の利子が必要）。

生活支援費……生活を再建するまでの間に必要な生活費として、原則3カ月間（最大12カ月間まで延長可能）、月20万円まで貸し付けてくれます（単身世帯の場合は月15万円以内）。

住宅入居費……敷金、礼金など住宅の賃貸契約を結ぶために必要な資金として、40万円まで借りることが可能です。

一時生活再建費……就職活動や技能習得、家賃や公共料金などの滞納の一時立て替え、債務整理に必要な費用などについて、60万円まで貸し付けてくれます。

「総合支援資金」を借りるための要件

貸付を行うことにより自立が見込まれる方で、次の要件をすべて満たす必要があります。

貸付要件

①低所得者世帯（市区町村民税非課税程度）で、失業や収入の減少などによって生活に困窮していること。

②公的な書類などで本人確認が可能であること。

③現在住居のある人、または、住居確保給付金の申請を行い、住居の確保が確実に見込まれること。

④法に基づく自立相談支援事業などによる支援を受けるとともに、社会福祉協議会とハローワークなど関係機関から、継続的な支援を受けることに同意していること。

図表19　生活福祉資金の種類

資金の種類		貸付金の内容
①総合支援資金	生活支援費	生活再建までの間に必要な生活費用
	住宅入居費	敷金、礼金など住宅の賃貸契約を結ぶために必要な費用
	一時生活再建費	生活を再建するために一時的に必要かつ日常生活費でまかなうことが困難である費用（就職・転職のための技能習得、債務整理をするために必要な費用など）
②福祉資金	福祉費	○生業を営むために必要な経費 ○病気療養に必要な経費 ○住宅の増改築や補修などに必要な経費 ○福祉用具などの購入経費 ○介護サービスや障害者サービスを受けるために必要な経費　など
	緊急小口資金	緊急かつ一時的に生計の維持が困難となった場合に貸し付ける少額の費用
③教育支援資金	教育支援費	低所得者世帯の子どもが高校や高専、大学などに修学するために必要な経費
	就学支度費	低所得者世帯の子どもが高校や高専、大学などへ入学する際に必要な経費
④不動産担保型生活資金	不動産担保型生活資金	低所得の高齢者世帯に対し、一定の居住用不動産を担保として生活資金を貸し付ける資金
	要保護世帯向け不動産担保型生活資金	要保護の高齢者世帯に対し、一定の居住用不動産を担保として生活資金を貸し付ける資金

⑤社会福祉協議会などが貸付および支援を行うことにより、自立した生活を営むことが可能となり、償還を見込めること。

⑥他の公的給付または公的な貸付を受けることができず、生活費をまかなうことができないこと。

総合支援金の貸付申込み方法

失業されている方が総合支援資金を利用するには、ハローワークへの求職申込みと職業相談が必要となります。また、住居がない方は、総合支援資金の申込みをする前に、これから入居を予定している地域の自治体で、住居確保給付金の相談をする必要があります。

総合支援資金の相談・手続きの窓口は、市区町村の社会福祉協議会です。窓口で手続きの説明と用紙の交付を受けたあと、申請書に必要書類を添えて提出します。審査の結果、貸付が決定されると、住宅入居費の貸付金は家主・不動産業者などの口座へ、それ以外の貸付金は本人の口座に振り込まれます。

なお、失業給付や住居確保給付金などの離職者を支援するための公的給付制度または公的貸付制度を申請している住居のない離職者のうち、給付・貸付が開始されるまでの間、当面の生活費の支援を必要とする人は、10万円までの資金を連帯保証人なしで、無利子で貸し付けてくれる「臨時特例つなぎ資金貸付」を利用することもできます。詳しくは市区町村の社会福祉協議会の窓口にお問い合わせください。

おわりに

風雨を遮る屋根と暖かい布団、そして家族の団らんまでもが忽然と消え去り、昨日まで当たり前だったはずの平和な日常が一変してしまう。自宅を失うということは、当事者の心にとてつもないショックを与える事件であるといっても過言ではありません。

自宅を失うということでこれまでの家族全員の生活が一変してしまいます。本書で紹介した「競売」というのが、この事態を強制的に国によって進めるものです。

そんな事態だけは絶対に避けなければなりません。たとえ家を失っても、人生は続きますし、あなた以外の家族も生きていかなければなりません。そのためには、とにかく競売を避け、任意売却によって、その後のリスタートのために最善の準備をしていくことです。

今回のコロナ禍だけでなく、安定した収入の確保を脅かす事態が、いつ発生するかは分かりません。病気、離婚、リストラ、老後破綻……。住宅ローンの返済に苦しみ、やがて自宅を手放さざるを得なくなった人が近年増え続けています。

しかし、住宅ローンが払えなくなったときの対処法を知っている人はほとんどいないでしょう。そして、いざそうなって動きだそうにも、何から手を付ければいいか分からないという方が大半です。そう考えた私は、できるだけ分かりやすく手順を理解できるよう、まずは自分のおかれた状況を把握し、次に何をすればよいか、どこに相談すればよいか、一つずつ丁寧に進むべき道筋を示すようにしました。

本書で繰り返し述べてきたことですが、住宅ローンの返済が滞れば、ほとんどの場合、住み慣れた家を失ってしまうことになります。そして最悪の場合、自宅という大切な資産を失うだけでなく、自らの個人情報が世間にさらされ、何もかも失ったあとに借金だけが残るという事態にまで発展してゆくのです。

そのような事態を避けるために、本書を通して数々の対処法をお伝えしてきました。人によって、最善の策は異なりますから、ご自身の状況に合った方法で生活を立て直し、実りある人生を送っていただければと思います。

いちばん大切なのは、住宅ローンが払えなくなったときに「誰に」相談するかということだと思います。本書で紹介した「任意売却」やその後の自己破産を含む法的処理までを親身にサポートしてくれる不動産業者はそんなに多くありません。

債権者の複雑な利害関係調整をうまく行い、最悪の「競売」を避けて「任意売却」を確実に行ってくれて、なおかつその後の人生のリスタートを切るためにできるだけ有利な条件で交渉を進めてくれる。そして、残った債務整理についても弁護士と連携してサポートしてくれる、そんなパートナーを見つけていただければと思います。

本書が、住宅ローンで苦しまれる方にとって一筋の光明となることを切に願い、本書の結びとさせていただきます。

クラッチ不動産株式会社　代表取締役　井上悠一

井上悠一（いのうえ・ゆういち）

クラッチ不動産株式会社 代表取締役
一般社団法人住宅ローン滞納問題相談室 代表理事
兵庫県立姫路西高校卒業、立命館大学卒業。弁護士を志し、立命館大学法科大学院へ進学するも、断念し、東証一部上場企業にて内部監査業務に従事。自身のマンション購入をきっかけに不動産業界に入る決意をし、住友不動産販売へ転職。法科大学院時代の友人弁護士から弁護士業務専門の不動産会社があることを知り、司法試験の経験が活かせると考え、中央プランナーへ転職。任意売却専門の仲介会社である、クラッチ不動産株式会社を設立し、住宅ローンで悩める方のリスタートを支援。一般社団法人住宅ローン滞納問題相談室を設立し、住宅ローンでお困りの多くの方々の幅広い相談に乗る。

本書についての
ご意見・ご感想はコチラ

あなたを住宅ローン危機から救う方法

2021年7月28日 第1刷発行

著　者　　井上悠一
発行人　　久保田貴幸

発行元　　株式会社 幻冬舎メディアコンサルティング
〒151-0051　東京都渋谷区千駄ヶ谷4-9-7
電話　03-5411-6440（編集）

発売元　　株式会社 幻冬舎
〒151-0051　東京都渋谷区千駄ヶ谷4-9-7
電話　03-5411-6222（営業）

印刷・製本　瞬報社写真印刷株式会社
装　丁　　三浦文我

検印廃止

ISBN 978-4-344-93212-8 C0033
幻冬舎メディアコンサルティングＨＰ
http://www.gentosha-mc.com/